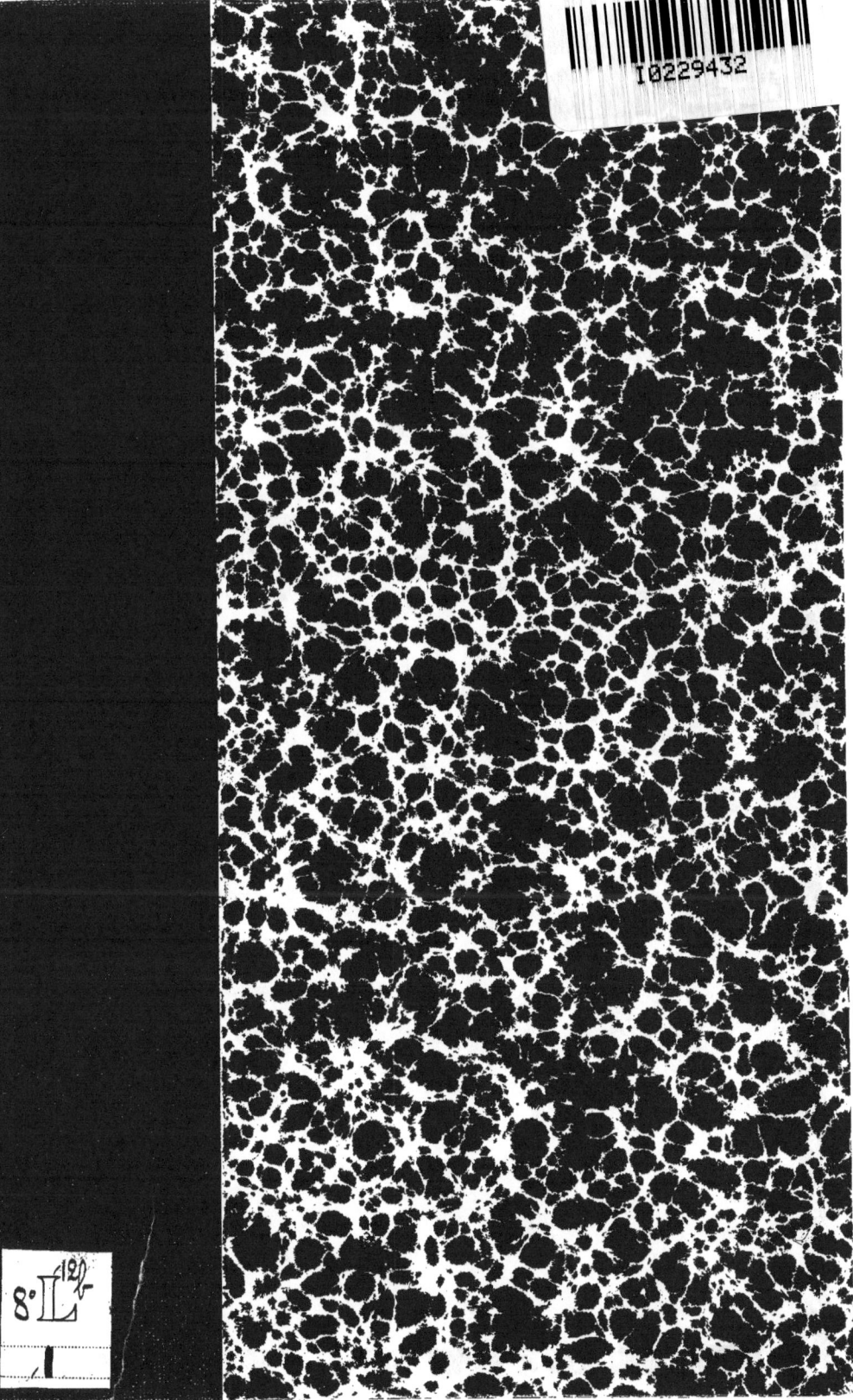

RECUEIL
DE
PIÈCES HISTORIQUES.

RECUEIL

DE PIÈCES HISTORIQUES

SUR

LA REINE ANNE ou AGNÈS

ÉPOUSE DE HENRI Ier, ROI DE FRANCE,
ET FILLE DE IAROSSLAF Ier
GRAND DUC DE RUSSIE;

AVEC UNE NOTICE ET DES REMARQUES
Du PRINCE Alexandre LABANOFF DE ROSTOFF,
Aide-de-camp de S. M. l'Empereur de toutes les Russies.

PARIS.

TYPOGRAPHIE DE FIRMIN DIDOT,
IMPRIMEUR DU ROI, RUE JACOB, N°. 24.

1825.

NOTICE.

Levesque, dans son histoire de Russie et dans son mémoire (1) sur les anciennes relations de cet empire avec la France, soutient que l'épouse du roi Henri I, fille de Iarosslaf I, grand duc de Russie, n'a jamais porté le nom d'Agnès. J'ai partagé cette opinion jusqu'au mois d'octobre dernier; mais les recherches que j'ai faites alors à ce sujet aux archives du royaume (2) m'ont forcé de croire le contraire.

J'ai trouvé (carton K, 37) un diplôme original de Philippe I, roi de France, donné en 1060 à

---

(1) Mémoires de l'Institut, morale et politique, tome II, page 68.

(2) Il est difficile de s'imaginer l'ordre étonnant qui se fait remarquer dans ce dépôt des richesses historiques de la France. Non seulement on peut y prendre une connaissance précise de tous les documents qui s'y trouvent sur une époque ou un règne, mais encore on peut s'instruire du contenu de chaque pièce, au moyen d'inventaires faits avec le plus grand soin, et placés dans les cartons qui renferment les chartes.

l'abbaye de Saint-Denis, auquel la reine mère avait apposé sa signature ou plutôt sa marque (3), de la manière suivante : + *Agnæ Reginæ;* ci-joint est le *fac simile* de cet acte (4) que Doublet publia en 1625, dans son histoire de l'abbaye de Saint-Denis, page 834.

Un autre diplôme (5) de Philippe I, portant la même signature, fut donné le 27 mai 1061 (6), pour la fondation de l'église de Saint-Adrien de Bethisy (7). Je n'ai pas été assez heureux pour en découvrir l'original. Il fut imprimé en 1614 dans l'histoire de Beauvais, par Louvet, page 444, et

---

(3) Alors la signature des membres de la famille royale, ainsi que celle des grands seigneurs et évêques présents, ne consistoit souvent qu'en une croix à côté de laquelle le chancelier écrivait que c'était la marque d'un tel.

(4) Voir aussi la pièce IX, page 20.

(5) Voir la pièce IX *bis*, page 51.

(6) Dans la copie de l'acte, il est dit 1060, ce qui est une erreur évidente ; car Henri I vivait à cette époque, et il est impossible de supposer (*comme l'a fait Carlier, tome I, page* 253) que ce diplôme put être rédigé au nom seul de Philippe I, roi de France, sous le règne de son père. Du reste, l'indiction XIV, qu'on y trouve, désigne bien l'année 1061.

(7) Bourg de l'arrondissement de Senlis, jadis célèbre par son château, dont on voit encore les restes.

en 1764 dans l'histoire du duché de Valois, par Carlier, tome III, page v, des pièces justificatives. Benzelstiern, auteur danois, qui en a fait mention dans un mémoire publié à Copenhague en 1748, remarque aussi qu'on donnait à la reine les noms d'Anne et d'Agnès.

Voici donc deux diplômes qui prouvent que la veuve du roi Henri I, mère de Philippe 1, prenait le nom d'Agnès en 1060 dans les actes publics. Cependant les auteurs de la *Gallia christiana* (8) soutenaient le contraire en 1770, dans le XIIe volume de la seconde édition de leur ouvrage. Levesque et d'autres historiens plus récents se sont servis de cette autorité pour résoudre négativement cette question. Jusqu'alors on avait dit, en parlant de cette princesse : Anne ou Agnès; c'est ainsi que s'exprimaient le père Anselme, histoire généalogique de la maison de France, tome I, page 73, les savants auteurs (9) du recueil des his-

---

(8) Voir la pièce XIX, page 44. Il est inconcevable que ces deux actes leur aient été inconnus, surtout celui dont je donne le *fac simile,* qui est resté si long-temps dans les archives de Saint-Denis, et qui a été transcrit dans des cartulaires de cette abbaye; il se trouve même au feuillet 52 du manuscrit, n° 41, du fonds du président Bouhier dans la bibliothèque du roi.

(9) Il faut bien remarquer que, dans le résumé qu'ils donnent page 559 à 565, ils énoncent leur propre opinion à cet

riens de France, tome XI, page 564, B, et ceux de l'art de vérifier les dates, tome II, page 702.

Puisqu'en 1060 la reine s'est appelée Agnès, et que la sainte qui porte ce nom ne se trouve point dans le martyrologe grec, on doit naturellement en conclure qu'elle avait précédemment embrassé la religion catholique romaine; il est difficile de préciser l'année de cette conversion, mais il est probable qu'elle eut lieu après 1053, époque où le schisme éclata définitivement entre les deux églises. Du reste, Marie, dite Dobrogneva (10), tante de cette princesse, lui en avait déja donné l'exemple en 1043, en épousant à Cracovie Casimir I, roi de Pologne.

La lettre de 1059 du pape Nicolas II à la Reine (11) ne prouve rien pour le nom que cette princesse portait alors, parce qu'elle était simplement adressée : *Ad Reginam Galliæ*. Elle prouve cependant qu'Agnès appartenait déja à l'église latine; car autrement son contenu n'aurait pu convenir à une reine, que, suivant sa religion, le sou-

---

égard, au lieu que dans tout le reste du volume, ils ne font que rapporter ou commenter celle des historiens qu'ils citent.

(10) Sœur de Iarosslaf I. Voir histoire de Russie de M. de Karamsin, tome II, page 33 de la seconde édition russe, ou page 36 de la traduction française.

(11) Voir la pièce V, page 10.

verain pontife ne devait considérer que comme une hérétique.

Définitivement, d'après tout ce que nous savons, on peut affirmer que cette princesse est venue en France, et y est restée plusieurs années sous le nom d'Anne, qu'elle portait en Russie, et qu'ensuite elle a pris celui d'Agnès en changeant de religion.

Comme beaucoup de savants distingués s'occupent à publier des collections de chroniques et de mémoires sur les époques les plus reculées de l'histoire de France, j'ai cru leur être de quelque utilité en rassemblant ici tout ce que je connais de documents authentiques sur le séjour d'Agnès en France. Il y a long-temps que j'ai commencé mes recherches; et pour en obtenir un résultat certain, je me suis décidé à examiner tous les actes parvenus jusqu'à nous (12) des règnes de Henri I et de Philippe I, et particulièrement ceux donnés de 1040 à 1107. J'en ai trouvé *cent treize* dispersés dans divers ouvrages; de ce nombre *dix-sept* seulement ont rapport à la reine Anne

---

(12) Des recherches de ce genre ne pouvaient réussir qu'à la bibliothèque du roi, où, grace à l'extrême obligeance de M. Van-Praet, on peut se permettre de demander un si grand nombre d'auteurs différents, sans être par trop indiscret.

ou Agnès : je les donne ici pour servir de preuves à cette Notice.

Mais avant de passer outre, et pour mieux faire connaître l'état de la Russie vers le milieu du XIe siècle, je crois devoir citer la partie du mémoire de Levesque qui dépeint si bien la puissance de cet empire à cette époque.

« La Russie était alors plus unie, plus heureuse, « plus puissante, plus vaste que la France. Ses « peuples n'étaient pas ce que sont aujourd'hui « les nations éclairées de l'Europe ; mais ils avaient « reçu des Grecs un commencement d'instruction. « Leur domination, moins abondante en hommes « que celle de la France, était rendue respectable « par le courage entreprenant du souverain ; ils « avaient plusieurs fois porté la guerre en vain- « queurs jusqu'aux portes de Constantinople ; ils « avaient forcé les Grecs à leur acheter la paix ; « ils entretenaient avec eux un commerce lucratif, « et s'enrichissaient encore en louant des troupes « aux empereurs de Constantinople......... Les « alliances multipliées d'Iarosslaf, qui s'étendaient « depuis la cour de Bysance jusqu'à celle d'Angle- « terre, devaient suffire pour répandre au loin son « nom et celui du peuple qu'il gouvernait. L'aîné « de ses fils avait épousé la fille de Harald, le der- « nier roi d'Angleterre de la race saxonne, prince

« célèbre par son courage et même par la triste
« destinée qui le fit succomber sous le bras de
« Guillaume le conquérant. Son troisième fils eut
« pour épouse une comtesse de Stadt, sœur de
« Burchard, évêque et prince de Trèves. Son qua-
« trième fils épousa une fille de Constantin Mo-
« nomaque, empereur de Constantinople. Il avait
« donné l'aînée de ses filles au roi de Norwège, et
« la troisième à André, roi de Hongrie. Enfin
« Marie, la seconde de ses sœurs, avait épousé
« Casimir, élevé sur le trône de Pologne après
« avoir été en France moine de Cluny et avoir
« reçu le diaconat. »

Cette situation brillante de la Russie, et toutes ces alliances de Iarosslaf, suffisent pour expliquer comment un roi de France put songer à prendre une épouse dans un pays aussi éloigné. D'ailleurs il est probable que la grande réputation de beauté dont jouissoit la princesse ANNE, seconde fille du grand duc de Russie, contribua également à décider Henri I à la demander en mariage. Gautier Saveyr, évêque de Meaux, accompagné de Goscelin de Chalignac et de plusieurs autres grands du royaume (13), fut chargé de cette mission en

---

(13) Voir la pièce XXI, page 49; et dans le *Spicilége* de Luc d'Achery, tome II, page 475, la Chronique de *Clarius*, moine bénédictin de l'abbaye de Saint-Pierre-le-Vif, qui exis-

NOTICE.

1048. Il s'en acquitta avec beaucoup de succès, et revint en France avec cette princesse en 1049. Le mariage du roi fut célébré à Reims la même année, le 14 mai, jour de la Pentecôte, en même temps (14) que la consécration de Saint Lietbert, évêque de Cambrai, par Guy, archevêque de Reims.

La reine ANNE eut trois fils : Philippe, qui devint roi de France; Robert, qui mourut très jeune, et

---

tait en 1184. M. de Karamsin semble avoir adopté la version de Bolland, qui dans ses *Acta Sanctorum*, mois de mars, t. II, page 15, cite une note qu'il a trouvée sur les marges d'une vieille légende manuscrite de l'église de Saint-Omer, où il est dit : Que c'est Roger, évêque de Châlons-sur-Marne, qui fut envoyé en Russie en 1048; mais quelques lignes d'une main inconnue peuvent-elles suffire pour contre-balancer les témoignages que je viens d'indiquer et qui sont confirmés par les annales ecclésiastiques de Meaux, qui s'accordent toutes sur l'ambassade de Gautier, tandis que celles de Châlons ne font aucune mention de la mission de Roger en Russie? Les auteurs de la *Gallia Christiana*, tome IX, page 873, supposent que ces deux prélats furent envoyés ensemble.

(14) Nous le voyons dans les actes de Saint-Lietbert; et la pièce XX, page 48, nous prouve que son sacre eut lieu en 1049; car il est dit : Quelques mois après la mort de Gérard; et nous savons qu'elle arriva le 14 mars de cette année. Dans quelques anciennes chroniques l'on trouve 1048; mais probablement leurs auteurs, commençant l'année à Pâques, datent de 1048 jusqu'au 26 mars 1049.

NOTICE. xiij

Hugues, dit le Grand, qui fut ensuite comte de Crespy et chef de la branche royale de Vermandois. Les anciennes chroniques varient beaucoup (15) sur l'époque de la naissance de ces princes; mais on est certain qu'ils existaient déja en 1058, car le roi Henri I en fait mention dans un diplôme (16) donné à cette époque au monastère de Saint-Maur-des-Fossés. Le 5 août de cette même année la Reine confirma l'acte donné par son époux à l'abbaye de Hasnon (17); le 23 mai 1059, elle assista au sacre de son fils Philippe à Reims; nous en trouvons la preuve dans le diplôme par lequel le roi Henri conféra, en ce jour, différents priviléges au monastère de Tournus (18); bientôt après elle confirma la charte qui autorisoit

---

(15) Celles des XIe et XIIe siècles induisent souvent en erreur relativement aux dates, parce que les auteurs de cette époque mettent différemment le commencement de l'année. Ils datent tous de l'année de l'Incarnation, sans dire s'ils la commencent au 1er janvier, ou à Noël, ou à Pâques, ou enfin à l'Annonciation, neuf mois sept jours avant nous, ou trois mois moins sept jours après nous. Ce qui a fait que des historiens contemporains ont placé quelquefois le même évènement dans des années différentes. Voir à ce sujet l'Art de vérifier les dates.

(16) Voir la pièce I, page 1.
(17) Voir la pièce II, page 2.
(18) Voir la pièce III, page 4.

Hugues, un des gardes du roi, à céder l'église de Sainte-Marie, dite *Villa-Mile*, aux moines de l'abbaye de Coulombs (19), et, l'année suivante, celle qui fut donnée (20) au couvent de Saint-Martin-des-Champs.

Henri I mourut à Vitry le 4 août 1060; son fils Philippe I lui succéda, sous la tutelle de Baudoin, comte de Flandres, et de la reine, sa mère. AGNÈS se retira alors avec son fils à Senlis, où elle fonda et dota (21) le couvent de Saint-Vincent. Dans le courant de cette année et de la suivante elle confirma encore plusieurs chartes (22) contenant des privilèges pour différentes églises et abbayes. Dans un *vidimus* que Philippe I apposa sur un diplôme (23) que son père avait donné en 1059, au monastère de Saint-Pierre de Chartres, il est fait mention de cette princesse en ces termes: *Post mortem autem Henrici regis, secundo anno regni sui,* PHILIPPUS, *rex cum* REGINA *matre sua*....

---

(19) Voir la pièce IV, page 9.

(20) Voir la pièce VI, page 13.

(21) Voir la pièce VII, page 16. Il me paraît que la fondation de ce couvent prouve que la reine était déja de la religion catholique romaine.

(22) Voir la pièce VIII, page 19; la pièce IX, page 20; la pièce IX *bis*, page 51, et la pièce X, page 22.

(23) Voir la pièce XI, page 24, et le *vidimus*, page 29.

manu propria firmavit. Il faut bien remarquer que c'est le dernier acte où elle paraît avec le titre de Reine, qu'elle perdit bientôt après par le mariage qu'elle contracta contre le gré du roi et du régent.

Ce fut en 1062, qu'elle épousa Raoul de Valois (24), qui venait de répudier sa seconde femme Haquenez (25), sous prétexte d'adultère. Guibert, abbé de Nogent, mort en 1124, et par conséquent auteur presque contemporain, ne laisse aucun doute sur cette alliance; en parlant du comte (26) il dit : *Radulphus..... quod Henrici regis uxorem, Philippi itidem regis matrem, in conjugio post mariti decessum habuerit.* Nous sa-

---

(24). Raoul III, comte de Crespy et de Valois, du Vexin, d'Amiens, de Bar-sur-Aube, de Vitry, Péronne et Montdidier, l'un des plus puissants seigneurs et des plus absolus qui aient existé en France.... ne reconnoissoit de puissance au-dessus de la sienne que celle qu'il pouvait faire servir à l'accomplissement de ses desseins. Il ne craignait ni les armes du roi, ni les censures de l'église.... Il descendait de Charlemagne par Hildegarde ou Hédelgarde, dame de Crespy.

CARLIER, tome I, pages 289 et suivantes.

(25) Sa première femme se nommait Adèle, était fille du comte de Naucher, et lui avait apporté en dot les seigneuries de Bar-sur-Aube et de Vitry; il en eut deux fils et deux filles, et la perdit en 1053.

(26) *Guiberti, abbatis B. Maria di Novigento, opera omnia, Lutetiæ Parisiorum;* 1651, 1 vol. in-folio, page 466.

vons aussi que Haquenez, justement indigné contre son infidèle époux, se rendit à Rome pour porter ses plaintes au pape Alexandre II. Le saint Père l'accueillit avec bonté et écrivit (27) à Gervais, archevêque de Reims, de prendre les informations nécessaires. Celui-ci s'empressa d'exécuter ces ordres, et confirma bientôt par sa réponse (28) le déplaisir du roi relativement à ce mariage, et la justice de la cause de l'épouse répudiée. Le pape enjoignit alors à Raoul de se séparer de la Reine et de reprendre Haquenez; mais le comte, ayant refusé de lui obéir, fut excommunié et son mariage déclaré illégal.

Bravant les foudres du Vatican, le comte Raoul passa le reste de ses jours avec sa troisième femme. En 1069, de concert avec elle, il donna au chapitre d'Amiens une charte où il est dit : *Hac autem cartula mea manu atque uxoris meæ Annæ*, etc., et qui est signée *Anna uxor ejus* (29). Il paraît aussi que le roi, craignant la puissance du comte, ne fit pas long-temps éclater son mécontentement

---

(27) Voir la pièce XII, page 30.

(28) Voir la pièce XIII, page 31.

(29) Voir la pièce XV, page 34. Il est bien malheureux qu'on ne puisse vérifier sur les actes originaux si véritablement elle avait signé *Anne*, ou bien si elle n'avait mis que l'initiale de son nom, comme nous le voyons dans la pièce II, page 3.

contre lui, et l'admit bientôt à sa cour; car en 1065 Raoul et ses deux fils accompagnèrent Philippe I à Corbie, et signèrent avec lui un diplôme (30) qu'il conféra au monastère de Hasnon. Mais tant que vécut le comte de Raoul, son épouse n'accéda plus à aucun acte du roi son fils; ce prince fit cependant mention de sa mère dans celui qu'il donna (31) en 1069 au couvent de Saint-Vincent de Senlis. Le comte Raoul mourut à Montdidier le 8 septembre 1074, et y fut inhumé dans la chapelle du château; mais le 22 mars 1076, son fils, le comte Simon, fit exhumer son corps pour le transporter dans le caveau de l'église de Saint-Arnoult de Crespy (32), où se trouvoit le tombeau de sa mère Adèle.

La reine, devenue veuve une seconde fois, reparut à la cour. En 1075 elle apposa sa signature à un *vidimus* (33) de Philippe I, par lequel il

---

(30) *Gallia Christiana*, tome III, preuves col. 84. C'est dans ce même acte que l'on trouve ce qui suit: *Anno ab incarn. Domini MLXV, indict. III.... episcopante Lietberto Cameracensi, anno XVII*; ce qui s'accorde bien avec l'époque de la consécration de Lietbert, en 1049.

(31) Voir la pièce XIV, page 33.

(32) Voir la pièce XVII, page 41, et l'Art de vérifier les dates, édition in-8°, tome XII, page 184.

(33) Voir la pièce XVI, page 37, et le *vidimus*, page 41.

confirma à Paris, en son palais, la charte de fondation du monastère de Notre-Dame de Pont-le-Voy. Elle signa en ces termes : + Annæ *matris* Philippi *regis*. Cette formule, bien différente de celle qu'elle employait avant son second mariage, prouve qu'on ne lui donnait plus le titre de reine, comme Levesque le prétend dans son histoire de Russie (34). C'est probablement l'opinion de cet auteur qui induisit en erreur M. de Karamsin (35). Car ce savant historiographe, en parlant d'Agnès, dit aussi : « Philippe, fils de cette prin-
« cesse, qui régnoit alors en France, avait pour
« elle une si grande considération, que jusqu'en
« 1075 on vit, *dans toutes les affaires d'État,*
« sa signature à côté de celle du roi. » Il est bien avéré au contraire, comme je l'ai fait observer, que depuis 1062 jusqu'en 1075 elle ne participa à aucun acte (36) du règne de ce prince, et même que depuis son second veuvage elle ne reparut que dans la seule charte de Pont-le-Voy; encore

---

(34) Voir la quatrième édition, tome I, pag 211.

(35) Voir l'Histoire de Russie, tome II, page 35, de la seconde édition russe, ou page 39, de la traduction française.

(36) Dans les différents ouvrages dont je donne la liste, page 54, on trouve *trente-deux* diplômes de Philippe I, conférés pendant cette époque, et dans aucun l'on ne voit la signature de la reine, sa mère.

ne fût-ce que comme mère du roi et non comme reine de France.

Depuis 1075, nous n'avons plus de documents authentiques sur cette princesse. Quelques auteurs ont supposé qu'elle était retournée en Russie, mais en général les historiens les plus dignes de foi s'accordent à dire qu'elle est morte en France.

En 1682, le Père Menestrier annonça dans le Journal des Savants (37) qu'il avait trouvé le tombeau de la veuve de Henri I dans l'église de l'abbaye de Villiers, près de la Ferté-Aleps. Le père Anselme (38), les auteurs du Recueil des historiens de France (39), ceux de l'Art de vérifier les dates (40) et beaucoup d'autres adoptèrent cette opinion, qui subsista près d'un siècle, sans que personne élevât jamais le moindre doute sur son authenticité.

Mais en 1770 les auteurs du XIIe volume de la seconde édition de la *Gallia christiana* (41) cher-

---

(37) Voir la pièce XVIII, page 42.

(38) Histoire généalogique de la maison de France, tome I, page 73.

(39) Tome XI, page 565.

(40) Édition in-folio de 1783, tome II, page 702.

(41) Tome XII, page 242, et voir ici la pièce XIX, p. 44.

chèrent à démontrer la fausseté de cette prétendue découverte, se fondant entre autres sur ce que la Reine n'avait jamais porté le nom d'Agnès, et assurant que le Père Menestrier avait ajouté le mot *Regis*, qui, suivant eux, n'existait pas dans l'inscription. Levesque, convaincu par une autorité qui lui paraissait aussi respectable, répéta la même chose, sans avoir vérifié le fait sur les actes originaux et les monuments (42). Presque tous les auteurs le copièrent, excepté ceux de l'art de vérifier les dates, qui, dans la troisième édition de cet ouvrage publiée en 1783, continuèrent à être de l'opinion du Père Menestrier, ajoutant seulement qu'il serait possible que ce tombeau ne fût qu'un simple cénotaphe, érigé en l'honneur de la Reine, comme le prétend Velly dans son histoire de France.

Il est difficile de penser que le Père Menestrier, déjà connu en 1682 par ses ouvrages et ses recherches savantes, et appartenant à un ordre religieux alors extrêmement considéré, eût pu se décider à une jonglerie aussi forte que celle dont les auteurs de la *Gallià christiana* ont chargé sa mémoire. Peut-on croire surtout qu'il l'ait ha-

---

(42) Ce qui lui était encore facile en 1782, quand il publia son Histoire de Russie.

sardée relativement à un monument qui se trouvait à quelques lieues de Paris, à la portée des savants dont il avait provoqué la critique, en annonçant sa découverte dans le seul journal littéraire qui parût alors? Et comment se fait-il que, pendant quatre-vingt-huit ans personne n'ait songé (43) à relever une imposture aussi publique. Certainement ces considérations ont dû frapper bien du monde, mais la persuasion où l'on était depuis quelque temps que la Reine n'avait jamais porté le nom d'AGNÈS s'opposait à ce qu'on pût songer à défendre le Père Menestrier.

Maintenant que nous possédons un acte authentique qui prouve qu'on s'était trompé au sujet du nom de cette princesse, il est permis d'examiner si le monument de Villiers n'était pas véritablement le tombeau de la veuve du roi Henri I. La couronne que l'on voyait sur la tête de la figure sculptée sur ce monument est, suivant la description du Père Menestrier, absolument semblable à celles que portaient les grands ducs de Russie, et que tous les princes qui descendent de la maison de Rurik ont conservée dans leurs armoiries. C'est la seule qui convenait alors

---

(43) Voir la note 2, page 45.

à la princesse dont nous parlons, puisqu'elle n'était plus reine de France.

Pour mettre à même de prononcer avec connaisance de cause sur cette question, je donne, page 42, l'article du Journal des Savants; et à la page 44, la traduction, de sa réfutation par les auteurs de la *Gallia christiana*. Je l'ai accompagné de quelques notes.

RECUEIL

DE

PIÈCES JUSTIFICATIVES.

DATES A RECTIFIER.

Page 18, quatrième ligne de la note, au lieu de 29 août, *lisez :* 4 août.
Page 41, dans le titre, au lieu de 22 mai, *lisez :* 22 mars.

RECUEIL

DE PIÈCES POUR SERVIR A L'HISTOIRE

DE LA Reine ANNE ou AGNÈS.

I.

Diplôme de Henri Ier, *Roi de France, donné au monastère de Saint-Maur-des-Fossés, le 12 juillet 1058.*

IN NOMINE SANCTÆ ET INDIVIDUÆ TRINITATIS, PATRIS
ET FILII ET SPIRITUS SANCTI.

Ego Henricus, Francorum Dei gratiâ Rex, notum esse volo præsentibus ac futuris, quia meam adierunt præsentiam monachi Fossatenses, meque petierunt, quatenus eis perdonarem consuetudines de bobus, de carne, quas mei ministri in Mosyniaco et in Curciolis injustè, et per vim rapiebant. Quod et feci; ita ut amodò nemo meorum servientum in his duabus villis aliquid accipiat, neque rapiat ullam omnino rem, neque intus per violentiam intrent. Quòd si fecerint, aut emendent, aut corripiantur. Quòd si mei cocci carnem accipere voluerint in campis, si invenerint, accipiant et emant : in villis verò nequaquam intrent. Istam concessionem pro remedio animæ meæ feci, *annuente mea conjuge Anna*, et prole Philippo, Roberto ac Hugone. Quam si quis infringere voluerit, vigenti auri libras componat. Actum Meleduno, IV Idus Julii........

Ce diplôme est imprimé dans le Recueil des historiens de France, tome XI, page 600, et a été probablement tiré d'un des deux cartulaires de Saint-Maur-des-Fossés, qui sont maintenant aux archives du royaume, carton L, 40. Dans le premier, qui est écrit en 1284, il se trouve au feuillet 286, et dans le second (*aussi du* XIIIe *siècle, et appelé le Livre Noir*) il est au 14e feuillet.

II.

Autre diplôme du même, donné à l'Abbaye de Hasnon, le 5 août 1058.

IN NOMINE SANCTÆ ET INDIVIDUÆ TRINITATIS.

EGO HENRICUS, Dei gratiâ Rex Francorum, sedulâ cogitatione recolens Christi sponsam pio obsequio venerari in terris, notum fieri volo omnibus tam præsentibus quàm futuris, quòd cœnobio Hasnoniensi in honorem Petri apostolorum principis fundato, do regali munificentia villas Hertinium, Rulmegeias, et fiscum de Petrifonte, et confirmo eidem cœnobio villam Azinium super fluvium Scaldim, villam Waverchinium in pago Ostrebanto, mansos plures in Scaldinio in eodem pago, villam etiam Auchiacum super vellulam in comitatu Tardanensi, etc., à primogenitoribus meis Franciæ regibus concessas. Actum Cameraci, fæliciter in S. Mariæ Templo, V aousti, an. D. J. MLVIII, an. regni H. XXV, in præsentia præsulum et militum multorum. S. Henrici regis. S. Philippi regis pueri. *S. A. Reginæ.* S. Mainardi archiepiscopi Senonensis. S. Liotberti Cameracensis, Guidonis Ambianensis, Balduini Noviom. Guillelmi Engolismensis, Helinandi Laudunens. Eusebii Andegavensis episcoporum. Signum Rodulphi comitis, Reinaldi camerarii, Albrici connestabularii, Willelmi seneschalci, Hugonis buticularii, Roberti Coci. Signum Balduini comitis Flandr. Thiotebaldi de Montmorenci, Guidonis comitis Ponthivensis, Ursionis Mellidunensis vicecomitis, Enguerrani comitis, Roberti Atrebatum advocati, Amolrici de Montfort, Gozelini de Heillis, Frolandi de Meulent, Cadelonis de Bielmont, Thiobaldi de Monchis, Burcardi de Montecorneto, Odonis des Anglures, Ivonis de Coucy, Mingoldi de Monteacuto, Theodorici de Roia, Herifridi de Hanghest, Bernerii de Liberimonte, Gileberti de Dova, Wasconis de Torota, Reginaldi de Nigella, Anselmi de Savodio (*de Saveuse*), Assonis de Rambores, Huardi de Bellovallo (*Beauval*), Balduini de Crispiaco, Alelmi de Crepicordio, Balduini de Wallincorte, Roberti de Bellomanso, Teduini de Bethunia, Setdaldi de Renty, Hubaldi de Croisillis, Mardi de Cameraco, Heluini de Calvimonte, Imberti de Kreki, Willermi de Colreto, Alielmi de Bellovisu (*Beaurevoir*), Itheri de Marka, Isembardi de Calceaja, Rogeri de Divions, Ubaldi de Montigniaco, Widonis de S. Auberto, Reginaldi de Boheng, Walteri de Guisia, Ursionis de Humieres, Walteri de Cimajo, Wedrici de Maillis, Gossuini fratris comitis de Peronâ, militum, et aliorum multorum fidelium publicè astantium.

Voir Carpentier, Histoire de Cambray, preuves page 7.

III.

Autre diplôme du même, donné au monastère de Tournus, le 23 mai 1059.

IN NOMINE SANCTÆ ET INDIVIDUÆ TRINITATIS.

HENRICUS divina præordinante clementia Rex Francorum. Si cultis et Deo dicatis locis, ob remedium et salutem animarum nostrarum, conferre cupimus, non solùm temporalem credimus nobis augmentari dignitatem, verùm etiam recepturos nos in cœlis haud dubitamus mansionem. Quapropter onverit omnium sanctæ Dei. Ecclesiæ fidelium tam præsentium quam futurorum sollertia, quoniam adiit nostræ celsitudinis clementiam Guilhelmus humilis abbas, humiliter supplicando efflagitans, quatinùs præcepta, quæ antecessores nostri, Francorum scilicet reges, sanctæ et intemeratæ Virginis Mariæ sanctoque fecerant Philiberto confessori præcellentissimo, jam prænotato Abbati omnibusque Monachis ejus nutu subditis præcepto nostræ auctoritatis corroboraremus, pro Dei sanctorumque omnium amore, atque pro salute animæ meæ, *conjugisque meæ Annæ*, filiique nostri Philippi regis, nec non et perpetua prosperitate nostra, ac statu regni nostri. Quorum petitionibus annuentes, concedimus jam prælibato Abbati Abbatiam sancti Valeriani martyris, quæ est sita in pago Cabillonense, super fluvium Sagonnam, qua ipse corpore quiescit; Castrum quoque Trenorchium, quod est ex jam dicta Abbatia, nec non et omnes res, quæ olim à fidelibus christianis prædicto martyri collatæ fuerunt; Tornucium quoque villam, cum omnibus ad se pertinentibus vicis et villis, scilicet Lambras, Balenatam, Morincas, Plotas, Costaldas, Villanova, Manciacum, Pistriacum, Briana, Lovincum cum adjacentiis suis, quæ sita est in confinio episcopatuum trium, scilicet Vesoncionensis, Lugdunensis et Cabillonensis; et Bisiacum villam, et Bodellam, et Caprosium, sanctumque Benignum, in episcopatu positas Lugdunensi, cum aliis ecclesiis his pertinentibus in eodem episcopatu; et in episcopatu Matiscencis ecclesiæ ecclesias cum villis, Ulchisiacum, Atziacum, Campanias, Lennam, cellam sancti

Romani cum quinque ecclesiis : et in ipso episcopatu ecclesiam sanctæ Mariæ, Belnadum vocatam, et aliam nomine Li; et in comitatu Arvernensi, monasterium Tresal, cum una parrochiali ecclesia: et cellam sancti Porciani, cum decem ecclesiis, et omnibus sibi pertinentibus exeniis; et in pago Vellavensi monasterium Godit, cum ecclesiis sibi pertinentibus, sanctique Mauricii locum vallis Amblivinæ; et in pago Arausicense, monasteria duo, Dusaram, et vallem Nimfarum, cum ecclesiis ad se pertinentibus; et in episcopatu Pictavensi monasterium quod vocatur Hero insula, in maris Oceani limbo positum, cum ecclesiis tredecim; locumque vocabulo Losdunum, cum pertinentibus sibi villis et ecclesiis septem. In episcopatu Andegavensi, ecclesiam sanctæ Mariæ, vocabulo Conaldum, cum ecclesiis et villis sibi pertinentibus, Tasiacum, Madernas, Fabricas, Bernezacum, Ponciacum, Loriam, Tarenciacum; et in episcopatu Namnetico monasterium quod vocatur Deas, cum ecclesiis sibi pertinentibus, Corcoiaco, sancto Liminio, Lemovicina et aliis, olim sanctis prænominatis à bonis hominibus collatis; Buxiolum quoque in pago Cenomannico; cellam quoque sancti Prudentii in pago Pictavensi; Talgariam, Adriacum, et Classiam, et Caciacum in pago Belcinensi; Asinarias in pago Pictavensi, cum omnibus ad se pertinentibus rebus: eo videlicet modo, ut præfati sancti et prædictus abbas suique successores perpetualiter habeant. Volumus itaque in prædicto loco Trapezetas esse; et ut prædictus locus caput sit omnium suprascriptarum rerum, et super omnia quæ aut a nobis aut a fidelibus nostris amodo collata fuerint. Igitur memorato loco omnes res suprascriptæ deserviant, et sint in usibus Monachorum et necessitatibus pauperum. Præterea licentiam damus eidem congregationi, de se semper eligendi abbatem secundum S. Benedicti regulam, sicut et alii reges nostri antecessores fecerunt. Annale quoque mercatum per dies quatuor, tribus temporibus anni concedimus; in festivitate sanctorum Petri et Pauli apostolorum, et in nativitate sanctæ Dei genitricis Mariæ, et in festivitate S. Martini episcopi et confessoris; et teloneum ipsius mercati. Volumus quoque ut a nulla impediatur judiciaria potestate. Concedimus quoque eis immunitatem sexcentorum solidorum, quam Karolus imperator et cæteri reges post ipsum concesserunt: cujus immunitatis infractor sexcentorum solidorum fore culpabilis judicetur. Erogamus itaque luminaribus ipsius ecclesiæ totum quicquid exinde sperare potuerat jus fisci nostri. Jubemus itaque ut nullus nostrorum vel successorum, dux, comes seu vicecomes, aut vicarius, aut missus discurrens, in prædicta immunitate aut monasterio à nobis et antecessoribus nostris collata exquirere, aut mansionaticum, aut parafredum, aut eulogias præsumat: neque horum quippiam ab eorum servis, colonis, seu Francis super eorum terram commanentibus exigere in publicis mercatis, sive de fratrum negotiis, sive de suis, teloneum aut ullam exactionem: neque in mari, sive in Ligeri fluvio, aut Rhodano, seu Sagonna, aut Dou, vel cæteris fluminibus navigantibus, aut littoribus commorantibus exigere audeat aut præsumat, aut navaticum, aut sospitaticum, aut salutaticum, aut portaticum, neque in terra rotaticum, neque in tabernis ullam exhibitionem. Præcipimus quoque nostra regia auctoritate, ut nemo Antistitum, vel comes, aut aliqua laicalis potestas, in præfato loco placitum constituere aut tenere audeat. Unde hoc nostræ altitudinis præceptum fieri prædicto abbati Guilhelmo jussimus; per quod ipse suique successores memoratas res quas modo concedimus, et de præterito concessimus, ritu perpetuo teneant atque possideant. Sciatque se, infractor hujus concessionis, reum a Deo in gehenna dampnari, nostraque se sciat omninò gratia privari quamdiu non cessaverit calumpniari. Et ut hoc nostræ auctoritatis præceptum inviolabile permaneat, sigillo nostro insigniri jussimus.

 Signum Heynrici regis.
 Signum Philippi regis.

Actum Remis civitate, in Pentecosten festivitate, et in maio mense. Scriptum manu Guilhelmi ad vicem Balduini regii Cancellarii regnante domno gloriosissimo Heinrico, anno XXVIIII, et I. C. N. T. O. I. Domini 8LVIII, coronato eodem die Philippo Heynrici regis filio.

 Voir Recueil des Historiens de France, tome XI, page 600.

IV.

Autre diplôme du même; donné à l'abbaye de Coulombs, en 1059.

In nomine sanctæ et individuæ Trinitatis.

Ego Henricus, gratiâ Dei Francorum rex, notum fieri volumus omnibus sanctæ matris Ecclesiæ fidelibus et nostris, tam præsentibus quàm futuris, quòd quidam meus miles, Hugo nomine, nostræ serenitatis adierit præsentiam, rogans et obnixè postulans, ut sibi liceret ecclesiolam, quæ vocatur Villa-mille, ab antiquis malè neglectam tradere in perpetuum Columbensibus monachis ad restaurandum. Cujus petitionibus, quia justæ et rationabiles videbantur, benignum assensum præbentes, concedimus et præcepto nostræ auctoritatis ratum esse jubemus, ut quod ille hactenus de suo beneficio vel prædio contulit, vel amodo collaturus est, sine aliqua molestia teneant, et sine perturbatione possideant. Sunt autem ea quæ inserere nostræ jussionis scripto petiit, hæc videlicet : ecclesiam B. Mariæ quæ vocatur Villa-mille, cum terra sibi adjacente, et ejusdem loci dimidium forum, atque unius carrucæ terram in eadem villa, unum quoque agripennum vineæ, et ad omnes necessitates quantumcumque silvæ proximæ sibi placuerit, aquam præterfluentem piscationi opportunam : quin etiam apud Otmari-villam terram sex bobus sufficientem, deinde pratorum sex agripennos, et dimidium totius suæ terræ, quam apud villam, Sutorios nomine, tenere videtur, et apud Minerias terram quinque carrucis, ad excolendum sufficientem. Itaque scripto nostræ auctoritatis..... exarata.... manu propria firmavimus, et manibus uxoris et filiorum nostrorum, nec non et fidelium corroborandam tradidimus, et insuper sigilli nostri impressione signare præcipimus.

Actum Vitriaci publicè anno incarnati Verbi MLIX, et regni Henrici regis XXIX. S. Henrici regis. *S. Annæ reginæ uxoris ejus.* S. Philippi filii regis, S. Hugonis Bardulfi.

Ego Balduinus Cancellarius relegendo subscripsi.

Voir Recueil des Historiens de France, tome XI, page 604.

V.

Lettre du pape Nicolas II, à la reine Anne, de l'année 1059.

Nicolaus episcopus, servus servorum Dei, gloriosæ reginæ salutem et apostolicam benedictionem. Bonæ voluntatis auctori omnipotenti Deo dignas gratias agamus, quia in fœmineo pectore virile vivere virtutum robur audimus. Pervenit quippe ad aures nostras, præcellentissima filia, serenitatem tuam indigentibus munificentiâ piæ liberalitatis affluere, devotissimæ orationis studiis insudare, pro violenter oppressis vim districtionis exercere, cæterisque bonis operibus, in quantum tibi competit, officium regiæ dignitatis implere. Hortamur igitur ut eum, quem Deo inspirante semel ingressa es, tramitem teneas : invictissimumque virum tuum, filium nostrum regem, ad pietatis æquitatisque gubernacula moderanda, statumque ecclesiæ retinendum provocare contendas. Si enim eloquentia Abigail stultum Nabal ab irascentis David gladio servavit illæsum, quantò magis sancta devotio tua prudentissimum virum tuum divinis reddet obtutibus gratiosum ? sic denique eum vere diligis, si servare quæ Dei sunt, piis exhortationibus facis. Alioquin quo pacto viros suos illæ conjuges amare credantur, quæ in eis capsas, ut ita loquar, corporum diligunt; sed animarum aurum, quod in eis reconditur, non attendunt? habemus enim juxta apostolum thesaurum istum in vasis fictilibus. Quæ nimirum hoc dumtaxat amplectuntur, quod vermes devorant in sepulchris; illud vesanè despiciunt, cui immarcescibilis gloria servatur in cœlis. In carne quippe amorem suum illa constituerat, quæ David se despicienti ironica insultatione dicebat : « Quam gloriosus fuit hodie Rex Israel, discooperiens se ante oculos servorum suorum, et nudatus est quasi nudetur unus ex scurris ! Quæ profecto quia desiderium suum in sola carne posuerat, carnis fructu debitâ est animadversione privata. Unde paulò post scriptura subjungit : igitur Michol filiæ Saül, non est natus filius usque ad diem mortis suæ. Tu autem, gloriosa filia, quia fœcunditatis donum divinitùs meruisti, sic clarissimam instrue sobolem, ut inter ipsa lactantis infantiæ rudimenta ad creatoris sui nutriatur amorem. Per te igitur discant cui potissimùm debeant, et quod in regalis aulæ solio sunt nobiles geniti, et quod in ecclesiæ gremio longè nobiliùs per sancti spiritûs gratiam sunt renati. Noli aliquandò pecuniam præferre justitiæ, sed thesaurum veræ sapientiæ inhianter acquire. Regina quippe Saba venit non videre divitias, sed audire sapientiam Salomonis. Quas tamen ipsa non petiit, copiosiùs reportavit. Tu etiam, filia, divinis obediendo mandatis, sapientiam posside; ut merearis ad salutem animæ tuæ et terrenis competenter affluere, et de transitorii regni culmine ad cœleste transire.

Voir Recueil des Historiens de France, tome XI, page 653.

VI.

Diplôme de Henri Ier, roi de France, donné au couvent de Saint-Martin-des-Champs, en 1060.

IN NOMINE SANCTÆ ET INDIVIDUÆ TRINITATIS, etc.

IGITUR ego HENRICUS, Dei gratia rex Francorum, sedula cogitatione recolens, qualiter decorem domus Domini et locum habitantium ejus dilexi, omnibus tam præsentibus quam futuris notum fieri volui. Porro ante Parisiacæ urbis portam in honore confessoris Christi Martini abbatia fuisse dignoscebatur, quam tyrannica rabie (quasi non fuerit) omnino deletam ab integro ampliorem restitui, ecclesiam, quæ diu sterilis amissa prole fleverat, quærens reddere fœcundam cœlesti sponso, religiosorum concilio virorum, canonicos regulari conversatione ibidem Deo famulantes attitulavi, ut sine sollicitudine magis divinis quam sæculi curis vacantes valeant vivere, de facultatibus dotem faciens ecclesiæ ob remedium patris mei matrisque meæ animarum, atque pro mei *conjugisque meæ* et prolis salute et pace hæc illis largior possidenda perpetuo jure: altare imprimis ejusdem basilicæ omni clarificatum libertate, et terras quas circa eamdem ecclesiam prius habebam, et quas ibidem Ansoldus cum nepotibus suis Milone scilicet et Warino mihi dedit, concedente

Hugone comite propter præfati Milonis reconciliationem, qui tum reus magni criminis erat adversum me; sed precibus Ymberti, præsulis accepta terræ cultura a supra dictis militibus, commissum illud, (unde centum libras justo judicio exsolveret) dimisi. Has ego terras circa muros ecclesiæ sitas eidem ecclesiæ concedo, ea videlicet libertate, ut nullus in eis aliquam redibitionem exigere præsumat : apud Parisios vero molendinum unum : in villa quæ dicitur Alberti villare, terram quam ibi habebam : Noisiacum vero super Maternam situm, cum omnibus redditibus et redibitionibus terræ, silvæ, vinearum atque pratorum : in territorio autem Meldensi villam nomine Anethum cum omnibus redditibus et redibitionibus terræ, silvæ vinearum, atque pratorum : de redditibus quidem pastionis, vieriæ silvæ atque liegii omnem decimam. Item in pago Parisiensi Bongeias cum omnibus redditibus et redibitionibus libere sibi adjacentibus. Sed et in pago Laudunensi Disiaci (excepto altari) dimidium cum præfatis possessionibus habeant, teneant, regant atque possideant. Illud ergo prætermitti nullatenus volo, quia præfatam ecclesiam ea firmitate munio, quatenus in perpetuum regio jure ab omnibus fore concedatur libera, tam videlicet intra ambitum munitionis ejus, quam extra in procinctu illius, in theloneis, in fredis, in justitiis, in omnibus quæcumque jus nostri exigit fisci, nemo unquam illam inquietare audeat. Canonici etiam hanc potestatem habeant, ut, abbate obeunte, assensu fratrum, boni testimonii virum, nemine perturbante, restituant. Verum etiam ut ea fisca firmamento teneantur stabili, hanc chartam in qua, me præcipiente, hæc omnia scripta sunt, sigillo meo subterfirmavi. Ego ipse rex Henricus *et Regina pariter* et Philippus filius meus cum fratribus suis manu firmatam corroboravimus. Quam quidem Mainardus Senonum archiepiscopus cum Ymberto Parisiorum præsule, aliique quam plurimi, tam pontifices quam laici principes confirmarunt et corroborarunt omnibus supra memoratis faventes. Si quis autem post hac privilegium hoc violare præsumpserit, primum sacrilegii sive tantæ authoritatis negligentiæ reus duro anathemate, feriatur, deinde ne fandæ præsumptionis irritus gravi census detrimento damnetur. Anno regni supradicti regis XXVII. Actum anno incarnatione Domini MLX, indict. XV. Parisius publice. Signum Henrici regis. S. Philippi regis. S. *Annæ reginæ.* S. Mainardi archiepiscopi Senonensis. S. Gervasii Remensis archiep. S. Ymberti episcopi Parisiensis. S. Odolrici archidiaconi Pariensis. S. Balduini cancellarii. S. Voizelini capellani. S. Richardi capellani. S. Radulfi comitis. S. Thetbaldi de Montmorenci. S. Rainaldi camerarii. S. Albrici conestabularii. S. Willelmi seniscalci. S. Hugonis buticularii. S. Roberti coci. S. Radulfi Belvacensis. S. Yvonis subcamerarii. S. Walteri filii Berneri. S. Almarici Rufi. S. Willelmi fratris Baldrici. S. Widonis Ambianensis episcopi. S. Walteri Meldensis episcopi. S. Elinandi Laudunensis episcopi. S. Frollandi Silvanectensis episcopi. S. Trecensis episcopi.

S. Roberti filii comitis Balduini. S. Widonis Ponthivensis comitis. S. Baldrici. S. Engenulfi. S. Amalrici de Monteforti. S. Stephani præpositi. S. Framerici coci.

Voir la *Gallia Christiana*, tome VII, preuves, col. 32.

VII.

Charte de la reine Anne, donnée en 1060, pour la fondation et dotation du couvent de Saint-Vincent de Senlis; avec un vidimus *du roi Philippe Ier son fils.*

Notum est omnibus sanctæ Ecclesiæ filiis, quoniam universitatis creator omnia ad ornatum compositionemque sacratissimarum nuptiarum unigeniti sui Deus pater condidit, nec solum genitor, sed et ipse genitus concordia Sancti Spiritus sibi sponsam aptavit; sicut ipse in canticis canticorum eidem sponsæ dixit : « Veni de Libano, veni, et coronaberis de capite Amana, de vertice Sanir et Hermon. » *Ego autem* Anna *corde* intelligens, mente pertractans tantam pulchritudinem, tantumque decus, atque recolens illud quod scriptum est : « Beati, qui ad cœnam agni vocati sunt, » et quod ipsa Christi sponsa alias dicit : « Qui elucidant me, vitam æternam habebunt: » deliberavi apud me, quomodo illarum epularum, illiusque beatitudinis ac vitæ æternæ participes existere possem : cumque demum sublevatum esset cor meum ad fabricandam Christo ecclesiam, ut intus incorporari et quodlibet membrum illius sanctæ societatis, quæ fide Christo adjuncta est, connecti voluissem, in honore sanctæ Trinitatis et piæ Dei genitricis Mariæ et præcursoris Domini et sancti Vincentii martyris Christo eam fabricari et dedicare præcepi, atque dans deputavi ibi de facultatibus meis et de his, quæ in matrimonio HENRICUS *rex conjux meus* mihi dederat. Quæ omnia favore filii mei PHILIPPI Dei gratia regis, et omnium optimatum sui regni concilio attitulari concedo, quatenus ibi quieti et tranquilli religiosi viri Domino servientes, mundo renunciantes, regularem, id est sanctorum apostolorum et beati Augustini, quæ scripta est, vitam canonice amplectentes vivere valeant, et pro peccatis Henrici regis, ac filiorum et amicorum meorum, atque meis, die ac nocte Dominum exorent, et ut sine macula aut ruga, sicut a Christo optatur ecclesia, suis precibus me Domino exhibeant : terram scilicet, quam juxta ecclesiam Ivo præpositus possidebat, ab ipso pretio emtam cum furno et omnibus consuetudinibus, quas terra reddere solet : novem hospites cum omni consuetudine, quas prius in eodem loco possidebam, de censu monetæ tres libras prædictæ civitatis, in cujus suburbio præfata constructa est ecclesia; et quod ad civitatem pertinet, molendinum unum in villa quæ dicitur Guvils, villam unam quæ dicitur mansionale Blavum in territorio Laudunensi allo-

dium unum in villa quæ dicitur Crespis. Sed ne quid deinceps eis molestus sit, concedo omnes omnino consuetudines sancto Vincentio et canonicis ejus.

Ego Philippus, Dei gratia Francorum rex, mutuavimus ab ipsis canonicis sancti Vincentii triginta libras, et eis inde quamdam villulam nostram, quæ vocatur Barberiacus, in vadimonium concessimus, ea conditione ut quamdiu præfatas libras canonicis usque ad novissimum quadrantem non reddiderimus, villulam illam cum omnibus ad eam pertinentibus teneant et possideant quietam et solutam; dum vero persolverimus, ex toto præfatum vadimonium redeat in dominium nostrum, sicut prius fuerat; sunt autem denarii Silvanectensis Monetæ. S. Berta regina. S. Philippus rex.

Les auteurs de la *Gallia Christiana*, tome X, preuves, col. 204, ont daté cette charte de 1059; ce qui n'est point exact, vu que son contenu prouve qu'elle a été donnée sous le règne de Philippe Ier, qui n'a succédé à son père que le 29 août 1060 : quant au *vidimus* du roi Philippe Ier, il doit être au moins de 1071; car ce n'est qu'en cette année qu'il épousa Berthe de Hollande, qui paraît également dans cet acte.

VIII.

Diplôme de Philippe Ier, roi de France, donné au monastère de Tournus, en 1060.

IN NOMINE SANCTÆ ET INDIVIDUÆ TRINITATIS.

PHILIPPUS, gratiâ Dei rex; si locis cultibus divinis mancipatis, ac servorum Dei necessitatibus, emolumentum regiæ celsitudinis exhibemus, profuturum nobis hoc ad præsentem vitam feliciter transigendam, et ad futuram beatitudinem facilius obtinendam nullatenùs dubitamus. Quocircà noverit omnium sanctæ Dei ecclesiæ fidelium industria, quoniam adiit nostræ præsentiam potestatis Guillelmus infimus omnium abba, humiliter supplicando efflagitans, quatinus præcepta quæ antecessores nostri Francorum reges sanctæ et intemeratæ virgini Mariæ, sanctoque fecerant Philiberto confessori præcellentissimo prænotato abbati, omnibusque monachis ejus nutu subditis præcepto nostræ auctoritatis corroboraremus; et Dei, Sanctorumque omnium amore, atque pro salute animæ meæ, patrisque mei Domini Heynrici regis, *genitricisque meæ Annæ*, nec non et perpetuâ prosperitate nostrâ, ac statu regni nostri. Quorum petitionibus annuentes, etc.

Voir Chifflet, Histoire de l'abbaye de Tournus, preuves, page 316.

IX.

Autre diplôme du même, donné à l'abbaye de Saint-Denis, en 1060.

In nomine sanctæ et individuæ Trinitatis, etc.

Ego Philippus, gratiâ Dei Francorum rex, notum fieri volumus sanctæ matris ecclesiæ fidelibus nostrisque tam præsentibus orbis climate degentibus quam et futuris, quod amita mea, soror scilicet patris mei H. nostri præsentiam adiens Adela, et ut decet Catholicam humiliter postulans quatenus quandam villam, in pago Parisiensi sitam, nomine Curtesiolum, cum omni adjacenti causa vel appenditiis quæ ad eandem villam pertinent, quam in vadimonio tenebat pretio scilicet, lib. sexaginta denariorum, Parisiacensium donaremus eo tenore ecclesiæ sancti Dionysi fratribusque inibi degentibus, ut, si redempta non fuerit, imperpetuo teneant et possideant, et, si redimatur, redemptio id est pretium LX librarum recipientes habeant : hujus autem villæ supradictæ vicariam, aliasque consuetudines quæ ad nos pertinebant, similiter deprecans ut ecclesiæ supradictæ concederemus : cujus petitionibus pro Dei amore, et remedio animæ meæ patris mei, *per interventum matris meæ* A. et per assensum fidelium nostrorum, benigne adquievimus, et quod poscebat donavimus et firmavimus, et fidelibus nostris firmare fecimus : et ut inconvulsum permaneat, nostrum caracter impressimus.

Signum *Agnæ reginæ*. Signum Roberti regis fratris. Signum Frollandi episcopi. Signum Walteri archidiaconis. Signum Bardulfi. Signum Hugonis, signum Amalrici. Signum Baldrici. Signum Ingelrani regis custodis. Signum Nevelonis. Signum Willelmi. Signum Alberici. S. Walteri, signum Ingernulfi, signum Widonis. Actum Silvanectis anno dominicæ incarnat. $\overline{\text{oo}}$ LX. et regis Philippi primo. Siquis hoc violaverit, auri L. C. fisco regali persolvat : immo æterno anathematis jugulo dampnetur. Fiat. Balduinus cancellarius subscripsit.

Ce diplôme se trouve aux Archives du royaume, carton K, 37. Comme c'est le seul acte original que j'aie trouvé, avec la signature de la reine Anne ou Agnès, et qu'il paraît avoir été inconnu de tous ceux qui ont écrit sur cette princesse, j'en ai fait ajouter ici le *fac simile*. Il a cependant été imprimé en 1625, dans Doublet, Histoire de l'abbaye de Saint-Denis; mais, depuis, aucun auteur n'en a jamais fait mention, pas même D. Felibien, dans son ouvrage sur la même abbaye, où il cite néanmoins Doublet (preuves, page 86.), au sujet d'un autre diplôme.

X.

Autre diplôme du même, donné au couvent de Saint-Nicaise de Reims, le 14 mai 1061.

IN NOMINE SANCTÆ ET INDIVIDUÆ TRINITATIS.

PHILIPPUS, divinâ providentiâ Francorum rex. Si divinorum munerum largitatem erga nos pensare volumus, quicquid ad eorum quasi recompensationem molimur infra esse, imo nihil esse non ambigimus, ut licet divinis beneficiis simus impares, in gratiarum tamen actione, cum verbis, tum etiam factis laborare debemus, nec, quia non sufficimus, ideo deficiendum nobis est. Igitur more patrum nostrorum, consilioque dilectissimæ *Matris nostræ Annæ*, et fidelium nostrorum rogatu, domini videlicet Gervasii Remorum archipræsulis et cæterorum curialium nostrorum pro animâ patris nostri Henrici, et pro salute animæ nostræ in usus Deo militantium in ecclesiâ beati Nicasii martyris, in quâ prædictus archiepiscopus divino instructu abbatiam suorum prædecessorum negligentia destructam instauravit, villam nomine Hundilicurtem perpetuo habendam eidem ecclesiæ tradimus, mansum indominicatum, ecclesiam, servos, aquam, et aquæ decursum, cum molendino; et postremo omnia ad eandem villam pertinentia, eidem ecclesiæ concedimus. Et ut hoc nostræ concessionis edictum per omnia tempora inviolabilem in Dei nomine obtinere valeat soliditatis vigorem, manu nostrâ propriâ illud firmamus sigilli nostri impressione subter sigillari jussimus : quicquid etiam dominus Gervasius archiepiscopus eidem ecclesiæ dedit, et daturus est simili modo firmantes ratum esse præcipimus.

    Signum Philippi gloriosissimi regis.
    Signum Elinandi Laudunensis episcopi.
    Signum Quiriaci Nannetensis episcopi.
    Signum Roberti fratris regis.
    Signum Rodulfi comitis.
    Signum Manassæ comitis.

Actum Remis anno incarnati verbi millesimo sexagesimo primo, Philippi regis secundo, Gervasii archiepiscopi sexto, in ecclesiâ sanctorum Agricolæ et Nicasii martyrum II idus maii, indictione 14.

    Signum Annæ reginæ.

Balduinus Cancellarius ad vicem Gervasii archiepiscopi subscripsit.

    Voir Marlot, *Historia Remensis metropolis*, tome I, page 619.

XI.

Diplôme de Henri Ier, donné en 1059 au monastère de Saint-Pierre de Chartres, avec un vidimus du roi Philippe Ier, de 1062.

IN NOMINE SANCTÆ ET INDIVIDUÆ TRINITATIS.

Ego Henricus, gratiâ Dei Francorum rex. Cum regalis solium dignitatis multiplex virtutum cultus exornet, liberalitas tamen et munificentia inter has præcipuum locum tenet, quarum effectus multorum necessitatibus condescendat et justorum petitionibus satisfaciat. Notum sit ergo omnibus sanctæ matris ecclesiæ fidelibus et nostris tam præsentibus quàm et futuris, quòd quidam meus fidelis Albertus nomine, filius scilicet Ribaldi nobilissimi viri, nostræ serenitatis adiit præsentiam, rogans et obnixe postulans, ut regali pietate nostræ munificentiæ assentando suis precibus aurem inclinare dignaremur, quatenus, quod Deo inspirante maturabat implere, nostræ liberalitatis assensu ad effectum ducere quivisset; videlicet ut quamdam ecclesiam, quam pater ejus fidelis noster Ribaldus in honore beati Germani Altisiodorensis episcopi Cæmentariorum opere in Bruerolensi vico pro salute animæ suæ construxerat, regiâ quidem voluntate, liceret ei dare beato Petro apostolorum principi et Monachis sibi famulantibus in cœnobio quod situm est non longe a mœnibus Carnotinæ urbis, atque ex rebus quas nostro beneficio possidere videbatur, præfatam ecclesiam tam ipse quàm ejus fideles pro Dei amore nostrâ favorabili clementiâ locupletare liberaliter quivissent : cujus justam ac Deo acceptam petitionem judicantes cum episcopo Agoberto, in cujus diœcesi ecclesia eadem est, nec non et optimatibus nostris qui nobiscum præsentes aderant, dignum duximus pro nostra salute et integritate regni nostri assensum præbere intentioni suæ. Damus itaque ei licentiam, ut et memoratam ecclesiam ex nostro beneficio, quod possidet, amplificet, et quicquid ei conferre et annuere voluerit, ita sit liberum atque ab omni judiciaria potestate solutum, ut idem fidelis noster Albertus hactenus à nobis tenuit liberum atque solutum, quatenus Monachi ibidem Deo famulantes sine ulla inquietudine cujuslibet sæcularis hominis, noctes diesque orationibus insistentes, aliisque bonis operibus vacantes quietam agant vitam. Placuit ergo serenitati nostræ authoritate regiâ interdicere, ne quis unquam per succedentia tempora huic nostræ munificentiæ operi, quod cudimus, aliqua temeritate præsumat contraire, neque de rebus, quod jam dedit vel daturus est præfatæ ecclesiæ fidelis noster Albertus sive alii homines, nec in magno nec in parvo, minuere audeat, neque hujus ecclesiæ homines corvedis premat neque banno, neque teloneo, neque vicaria, neque exactione qualibet gravet aut sollicitet, sed liberi ab omni consuetudine sæcularium hominum, securi ac liberi inhabitent et Monachis præfatæ ecclesiæ serviant et sua debita persolvant. Quòd si quis præsumptor et insanus contra hanc authoritatem nostram, temere quidquam agere psæsumpserit, quinquaginta libras persolvat auri, et ejus inefficax remaneat conatus. Placuit etiam nostræ pietati huic operi addere atque cartam subscribere factam jussione fidelis nostri Alberti de rebus, quas ipse jam dedit præfatæ Ecclesiæ, et quas post mortem corporis relinquere decrevit, nec non cætera dona quæ suo assensu fideles ejus largiti sunt, ut in calce ipsius nostro nomine nominibusque primatuum nostrorum atque regiæ dignitatis sigillo corroborata rata et inviolata in æternum permaneant.

Ad occasum cuncta ruitura sæcularia, et è contrario cœlestia æternaliter mensura divinorum voluminum testatur scriptura; præcepit ergo fidelibus Christi cruore redemptis, ut dando viliora adipiscantur nobiliora: unde ego Albertus nobilissimi Ribaldi filius, cupiens cœlestium nancisci consortium, favente mea carissimá conjuge Adelaisa nomine, pro animabus nostris parentumque nostrorum, liberam ab omni calumnia universorum hominum ecclesiam de Bruerolensi vico, quam pater meus in honore S. Germani episcopi construxit, cum atrio et sepultura ac decima ipsius ecclesiæ, quæ in manu mea esse videtur, S. Petro cœnobii carnotensis concedo, ut Monachi ipsius cœnobii ab hac die in antea eamdem ecclesiam habeant, teneant et in æternum possideant; altare quoque ejusdem ecclesiæ, quod ab episcopo carnotensi semper in fevo tenueram, huic largitioni meæ dominus meus Agobertus episcopus unà cum assensu canonicorum qui cum ipso erant Drocis in curiâ regis addidit petitione Landrici Abbatis et nostra flexus. Item censum ipsius vici cum decimâ mercati concedo et quicquid ex omni genere olerum seu pomorum potest accipi jure mercati; nec non et pugillum salis qui colligitur ab unoquoque Salinario; item duos partes furni in ipso vico, præter quem alter minimè sit in totâ villâ. Item post capitium ipsius ecclesiæ duos agripennos terræ et pratos quos sub ipso vico abuisse videor, concedo, terramque Walterii Costati, quam tenuit, dum præpositus fuit, concedo et lucum qui adjacet; terram quoque quæ mihi colitur cum luco adjacenti, cùm hoc iniquum sæculum vivus relinquero, aut mortuus corpore dimisero, habendo possideant et possidendo colant Monachi supradicti cœnobii commorantes ibi, et pro nobis omnibus in præfata ecclesia deprecantes. In bosco denique qui dicitur sancti Remigii, singulis annis annuo Monachis pasnadium suorum porcorum, unumque agripennarium, ubi subulci Monachorum cum porcis suis dormituri reditum habeant domesticum. De cætero omnibus meis tribuo licentiam, ut ex rebus quas ex meo beneficio videntur habere, pro animabus suis præfatam ecclesiam ditent atque exornent, sicut jam fecit Voalterius prænomine Palardus, qui medietatem terræ Bulfiniaci pro anima sua in stipendiis Monachorum concessit, post mortem verò alteram partem terræ quam vivus retinet alteri parti eodem modo adjicit, sicut alio in loco habetur scriptum. Item Rodbertus de Fossatis terram unius aratri in Fontanis concessit. Item Hersindis quædam vidua, S. Petro et S. Germano, in loco qui dicitur Jurisuena, terram quam ex nostro beneficio tenebat, cum medietate Ecclesiæ Cruciaci villæ et casatis omnibus quos ex me habebat, pro remedio animæ suæ tribuit, addens se præbendæ Monachorum : emptiones quoque et commutationes vel commercia, quæ Monachi fecerunt vel facturi sunt, annuo. Similiter Monachis S. Petri concedo liberum transitum per totam meam terram, ut nulla umquam consuetudo ab eis requiratur de piscibus, de quovis, seu de omnibus rebus, quæ Monachorum esse ostendentur. Possem et alia addere, quæ mei fideles loco prædicto contulerunt; sed quia alias scriptum est, et finem verbis facere, et corroborare hanc cartam sigillo Domini mei regis, cum nominibus optimatum suorum festino; hoc solum in fine hujus operis omnibus notum fieri volo, quòd sicut ego a Domino meo rege liberè tenui hactenus, ità à Monachis libere teneantur ea quæ pro salute animæ meæ ac animarum parentum meorum dedi, et quæ alii contulerunt simili modo pro animabus suis, ut a Monachis neque ab hominibus terræ eorum aliqua consuetudo a nullo homine requiratur, non vicaria, non bannum, non circada, non expeditio, sed, sicut superiùs dictum est, Monachi orationi insistant, et homines eorum Monachis solis sua debita solvant. Si quis autem hæredum meorum aut aliorum hominum huic operi contradicere voluerit, cum Anna et Caïpha, Anania et Saphira et Juda traditore, nisi resipuerit et ad satisfactionis remedium confugerit, in æterno inferno trusus pœnas luat perpetuas. S. Radulphi comitis. S. Walterii comitis filii Gradulphi. S. Hugonis comitis. S. Alberti qui hanc largitionem fecit. S. Theudonis fratris Alberti. S. Guarini fratris ejusdem. S. Frederici. S. Balduini. S. Simonis. S. Agoberti episcopi. S. Hugonis Decani. S. Guillelmi præpositi. S. Sigonis. S. Ascelini. S. Gencelini Decani.

Post mortem autem Henrici regis, secundo anno regni sui, PHILIPPUS rex *cum Regina matre sua*, Drocis in sua camera, hanc cartam, Domno Alberto exorante manu propria firmavit, manibusque suorum corroborandam tradidit. Balduinus Flandrensis comes. Simon Radulphi comitis filius. Tedbaldus de Monte Morentiæ. Hugo Butillarius. Adelarius cubicularius. Ingerranus pædagogus regis. Hugo Dublellus. Rodbertus Rufus.

Voir Recueil des historiens de France, tome XI, page 602.

XII.

Lettre du pape Alexandre II, à Gervais, archevêque de Reims, de l'année 1062.

ALEXANDER Episcopus servus servorum Dei, charissimo fratri Gervasio Remensi Archiepiscopo, omnibusque suffraganeis suis, nec non Senonensi Archiepiscopo, suisque suffraganeis, salutem et apostolicam benedictionem. Mulier ista præsentium literarum portatrix, apostolorum limina adiens conquesta est quòd ei comes Radulfus omnia bona sua abstulerit, eaque dimissa, crimine fornicationis fallacitet objecto, alteram ducere velit. Quod quam sit divinis et humanis legibus contrarium, fraternitas vestra perpendit. Quapropter studeat religio vestra ipsum convenire : et si causa talis est, ut ista asserit, redditis propriis bonis, ut ipsa ab eodem recipiatur satagite. Quod si ipse rationi acquiescere recusaverit, vos super eum canonicum deliberate judicium, quod nos sequentes sanctorum Patrum auctoritatem, ubi sententiam vestram audierimus, confirmabimus.

Voir Duchesne, Histoire de France, tome IV, page 205.

XIII.

Lettre de Gervais, archevêque de Reims, au pape Alexandre II, de l'année 1062.

Domino et patri Alexandro sanctæ apostolicæ sedis Pontifici, Gervasius gratiâ Dei Remorum archiepiscopus, inter mundi hujus fluctus ecclesiam Dei naviter gubernare, atque ad portum æternæ beatitudinis feliciter pervenire. Regnum nostrum non mediocriter conturbatum est. *Regina enim nostra comiti Rodulpho nupsit,* quod factum Rex noster quam maxime dolet. At custodes ipsius non æquè graviter ferunt. Qua de causa me quoque mœror non modicus affecit, quippe cùm mihi hac vice complendi facultas non sit, quod ardenti desiderio proposueram. Proposueram enim Petri limina visitare, vestram diu exoptatam faciem videre, sermonem vestrum sanctum mellitumque ab ore præsentis accipere, utilitatibus sanctæ sedis apostolicæ aliquandiu pro viribus deservire. Quæ quidem si modo facere non licet (regni enim perturbatio, ut dixi, me retinet), ubi copia dabitur tanto studiosiùs agam. Quanto ea agere diutius desideravi. De uxore vero comitis Radulphi, quæ vestræ conquesta est paternitati, se a viro injuria esse dimissam, id vobis notum esse volumus.....

L'on ne possède que ce fragment de cette intéressante lettre. Voir Duchesne, Histoire de France, tome IV, page 207.

XIV.

Diplôme de Philippe Ier, roi de France, donné au couvent de Saint-Vincent de Senlis, en 1069.

IN NOMINE SANCTÆ ET INDIVIDUÆ TRINITATIS.

Ego Philippus, gratiâ Dei Francorum rex. Cum universo sacrorum eloquia mandatorum humanæ pusillanimitati salutis nostræ pabula suggerere incessanter videantur, et perfectæ religionis status virtute caritatis, quæ major inter alias est, ut ait Apostolus, consolidatur, dignum adjudicari disposuimus, ut in vinea dei, quæ est ecclesia, caritative aliquid laboremus, ut non solum materiis aut diversorum operum instrumentis interius et exterius eam decoremus, verum et de facultatibus nostris inibi Deo servientibus liberaliter impertire studeamus; cujus ecclesiæ mentionem faciens, ipsa sapientia dicit : Qui operantur in me non peccabunt : qui elucidant me, vitam æternam habebunt. Evigilandum nobis est ut aliquem caritatis gradum aggrediamur, ut, cum ejusdem ecclesiæ sponsus ex improviso venerit, accensis virtutum lampadibus ei occurramus, ut veste nuptiali induti, cum illo ingredientes, æternarum epulis nuptiarum interesse valeamus. Quapropter ego idem Philippus rex notum fieri volo universis catholicæ fidei cultoribus, videlicet metropolitanis, episcopis, abbatibus, presbyteris, totiusque ordinis, Dei famulis, nec non et ducibus comitibus, principibus, imperiique mei cunctis fidelibus, *quod mater mea nomine Anna, divina inspirante clementia cumpuncta*, mei præsentiam supplici devotione adiit, materno affectu obnixe deprecans et postulans, quatenus ecclesiam quamdam in suburbio Silvanectensi, in alodio regali, in vico qui dicitur Vietellus, in honore sancti Vincentii diutius ante desolatam, sed ab ea pie ac benigne, pro anima patris mei suique, de propriis sumtibus restauratam, ex consuetudine et more aliarum ecclesiarum ad reges pertinentium, scilicet sancti Frambaldi, sanctique Martini Parisiensis et S. Genovesæ virginis, liberam facerem. Cujus humilitati condescendens, libentissime precibus illius pro anima patris mei parentumque meorum memoria adquievi. Et ut hoc inviolabile et inconvulsum permaneat, crucis signum digito meo impressi, et charactere nominis mei imprimere jussi, sigilloque meo corroboravi, omnesque consuetudines suorum hominum eis concessi. Actum Silvanectis anno ab incarnatione Domini MLXIX, et regis Philippi IX, luna IX, indictione IV. Sig. Remensis archiepiscopi. Signum Suessorum episcopi Adalardi. Sig. Silvanecti episcopi Odonis. Signum Hugonis fratris regis. Sign. Walerani camerarii. Sign. Radulfi dapiferi. Signum Baldrici conestabularii. Sign. Ingenusti buticularii. Sig. Fruderici. Sig. Amalrici. Sign. Balduini camerarii fratris. Sig. Rainaldi fratris ejus. Sign. Walteri de Monci. Sign. Hugonis de Puteolo. Sign. Hugonis duplicis. Sign. Marchelini. Sign. Adalardi camerarii. Sig. Waldrici camerarii. Sign. Gerardi capellani ejus. Sign. Widonis mareschalci. Præsente Petro cancellario et præcipiente, subscripsit Eustachius et Gaufridus capellani. Si quis autem super his aliquid reclamare præsumpserit, auri libras centum regi persolvat, et calumnia ejus irrita fiat, immo æterna maledictione damnetur.

Voir la *Gallia Christiana*, tome X, preuves, col. 205.

XV.

Charte de Raoul, comte de Valois, de Crespy, d'Amiens, etc., donnée au chapitre de Sainte-Marie d'Amiens, en 1069.

Quoniam ego Rodulphus divinâ clementiâ Ambianensis comes, secularis dignitatis gloriam sectando, multâ me noveram delictorum sarcinâ prægravatum, disposui ecclesiæ sanctæ Dei genitricis Mariæ, et beatissimi martyris Firmini, fratribusque ibi constitutis, quædam ex his quæ mei juris erant tradere, ut interventu illorum peccatorum meorum indulgentiam valerem obtinere. Sed quia ex multis quæ possidebam visum episcopo Guidoni utilissimum potestatem, quam vicecomites in terris prædictorum fratrum exercebant, relaxare; ipsius deprecatione et gratiâ illis, perpetuo jure habere concessi quicquid hujus modi ad Conteiense castellum pertinens ego et milites totius Conteiensis honoris ubique terrarum seu villarum illorum obtinebamus. Et ut donationis hujus concessio firma et insolubilis perseveraret, Simon filius meus et Gualterus Gualteri Tyrelli natus ultroneum assensum huic scripto probaverunt, atque memorati milites idem laudando æquipollentia beneficia pro amissis me tribuente alias susceperunt. Hac autem cartula mea manu, *atque uxoris meæ Annæ*, nec non Simonis filii mei, et ante dicti Gualteri super altare beatæ Mariæ, sicut præscripta ratio perhibet, imposita : Guido præsul omnes anathematizavit, qui ab aliqua invasione quod ecclesiæ donavimus conati fuerint repetere. Nomina vero clericorum et laïcorum, qui præsentes huic facto exstiterunt, præcepimus ad ultimum subscribere. Robertus archidiaconus, Balduinus archidiaconus et præpositus, Guido Decanus, Gaufridus cancellarius, Salomon Berengerius, Drogo, sacerdotes. Radulphus comes, *Anna uxor ejus*, Gualterius Gualterii Tyrelli filius. Simon comitis filius. Gualterius, Gaufridus, Hugo, Robertus Rorico, Robertus, Odo, diaconi. Robertus, Guido, Rogerus Guillelmus, Ursio, Alulfus, Arnulfus, Adelemus, Milo parisiensis, subdiaconi. Rorico, Fulco, Robertus, Gualterus, Andreas, Firminus, acolyti. Laïci, Drogo Bovensis, Robertus ejus filius, Oilardus miles ipsius. Jufridus incrensis, Gameleo, Hugo, Robertus, sui milites. Drogo Turrensis, Adelemus filius ejus. Guermundus frater vicedomini. Radulfus Pincerna episcopi. Airardus dapifer comitis. Milo cognomine Orphanus, Rorico, Anscherus, Ingelramus, Hugo Abbatisuillæ milites. Præterea non parva multitudo tam clericorum quam laïcorum. Actum Ambianis in basilicâ beatæ Mariæ semper Virginis anno incarnationis Christi MLXIX, indictione VII, rege Francorum Philippo, Guidone Ambianorum episcopo, Radulfo filioque ejus Simone comitibus.

Voir Histoire générale de la maison de Guines, preuves, page 316.

XVI.

Charte de l'année 1035, concernant la fondation et dotation du monastère de Notre-Dame de Pont-le-Voy, avec un vidimus *du roi Philippe Ier, de l'année 1075.*

Quanta et quam benignissima circa humanum genus Dei existat pietas, nemo mortalium vel corde cogitare, vel verbis aperire potest. Invitat enim nos ut post perpetrata multa scelera ad eum redeamus, pie et misericorditer dicendo : « Venite ad me omnes « qui laboratis et onerati estis, et ego vos reficiam. » Et in alio loco Evangelii hortatur nos, ut de terrenis rebus atque caducis acquiramus cœlestia, et in æternum mansura, taliter inquiens : « Facite vobis « amicos de mammona iniquitatis, ut, cum defeceritis, « recipiant vos in æterna tabernacula. » Igitur in Dei nomine, ego Gelduinus vir seculari militiæ subditus, et Adenors uxor mea, Gaufredusque filius noster, nostrorum reminiscentes multitudinem peccatorum, et ultimi judicii diem fortiter expavescentes, atque cum illis fidelibus, quibus Deus in illa die dicturus est : « Venite, benedicti Patris mei; percipite regnum; » aggregari desiderantes, concedimus sanctæ Dei genitrici Mariæ semperque Virgini de rebus nostris nobis dimissis a nostris progenitoribus. Agimus autem hoc in præsentia domni Ansberti abbatis, monachorumque qui ibi jam congregati vel congregandi sunt, militantes summo regi secundum regulam sancti Benedicti piissimi patroni. Quatenus de animabus parentum nostrorum, et nostris, qui abbatiam; prout possumus, toto corde construimus, memoriam in suis orationibus habeant, et pro nobis peccatoribus Dei clementiam exorent, ut, cum nobis dies mortis advenerit, non gaudeat de nobis pestifer inimicus, sed per beatæ Mariæ intercessionem eripiat nos misericordia Christi de manu diaboli, et pœnis inferni, et transferat ad gaudia Paradisi. Denique sciant præsentes et futuri, quod huic facto nostro libenter annuit comes Odo, et Ermengardis comitissa, filii quoque eorum Tetbaldus et Stephanus, ex quorum beneficio tenemus quæ præfatæ ecclesiæ tribuimus, et hîc nunc nominatim recitamus. Quippe est in hac donatione ecclesia sancti Petri, quæ hactenus fuit caput Pontis-leviati, sed amplius erit subdita Dei genitrici. Similiter servi et ancillæ omnes ad eam pertinentes, hic et ubique degentes, totaque burgi consuetudo, census et vicaria, teloneum quoque et pedagium, insuper omnes consuetudines ab illo exeuntes. Beneficium item quatuor equitum Aimerici Pirarii, Tetbaldi regis, Walterii Belfarii, Othelini filii Adelmy de Siuray. Similiter Calmonti dedimus quatuor arpennos vinearum cum omni consuetudine, et de sylva Calmontis tertiam partem pascuatici; et ad domesticos porcos de pastione quantum duraverit; nec non in supradicto castello omnem quæ mihi et aliis persolvitur consuetudinem, sive ex aquâ, sive ex aliqua re quæ venundari, vel emi potest. De pratis vero quatuor arpennos super ripam Siciæ. Addimus autem huic nostro beneficio de villa furnum et censum, qui mihi solvebatur de terra sancti Petri ad præsens in dominium; cetera vero spondemus |deliberare; quod si nequiverimus, filio nostro id faciendum dimittimus. Ceterum casamenta Walteri infimi, Hervei Mestiverii, Frederici de Castelloduno, quæ ab utrisque ecclesiis nostro dono possident, adhuc invitus retineo, quia libere ea huic dono inserere non valeo. Verum ante vestram præsentiam polliceor hoc me facturum, quam citius potero. Hæc itaque et cetera, quæ vel nos, vel aliorum fidelium devotio jam sæpe dicto loco concessimus, vel concessuri sumus ab hodie et in antea, libere et quiete possideant abbas et monachi beatæ Mariæ, nemine contradicente. Si quis vero ex fratribus, et sororibus vel nepotibus, seu aliis propinquis nostris, aut ullus unquam homo vel fœmina, contra hanc donationem, quam propria voluntate facimus, aliquam calumniam monachis inferre voluerit, nisi cito humilitatus ad eos proferens venerit, imprimis Dei omnipotentis et perpetuæ virginis Mariæ, atque omnium electorum Dei iram incurrat, et cum Juda traditore ac Simone Mago vivus in infernum descendes, semper ibi ardeat, ac deinde irritum faciat quod vindicat. Ut igitur hæc authoritas firmior atque stabilior sit, eam manibus nostris signo sanctæ crucis firmavimus, et manibus seniorum nostrorum, et multorum virorum nobilium firmandam et corroborandam tradidimus.

Signum Odonis comitis, signum Ermengardis comitissæ, signum Tetbaldi comitis, signum Stephani com. Signum Theodorici episcopi, sign. Gelduini, sign. Adenors uxoris ejus, sign. Gaufridi filii eorum, sign. Gaufridi vicecomitis, sign. Gelduini de Bretolio, sign. Harduini filii ejus, sig. Vanili thesaurarii, sign. Hervei Burgoniti, sign. Gaucelini de Blesis, sign. Vicherii infantis, sign. Gaufridi filii Burchardi, sign. Lurois, sign. Campelini, signum Vilelmi Drucis, sign. Landranni, sign. Gisseberti filii Hudonis, sign. Hudonis filii Gisseberti, signum Hatonis filii Hilgaudi, sign. Vivaldi, sign. Alasmadi vicarii, signum Vilelmi filii Hervaldi, signum Tescelini Clerici, signum Gelduini filii Huberti, signum Tetbaldi regis, signum Reinaldi, signum Valterii filii ejus, signum Reinaldi de Regemorantino, signum Dadonis, signum Bernardi de Sancto Aniano, signum Rainaldi, signum Roberti præpositi, signum Hervei vicecomitis, signum Gelduini filii ejus, sig. Rainerii, signum Sigefridi, signum Odonis cubicularii, signum Arnulphi archidiaconi, signum Villelmi præpositi, signum Sigonis, signum Hildegarii, signum Valteri Rufi, signum Ascelini, signum Hugonis filii Auczerii. Anno ab incarnatione Domini MXXXV concurrente II, indictione III, epacta II, nov. terminus Paschæ sexto calendas aprilis, dies domini Paschæ tertio calendas aprilis, luna ipsius diei 17. Dato in mense Julio anno quarto Henrici regis.

In nomine Domini, Dei gratiâ, Philippus Francorum rex hoc scriptum et firmamentum supradictæ donationis concessimus, et manu nostra propria signavimus publicè Parisiis in palatio nostro, anno regni nostri XVI, et sigillo nostro corroborari præcipimus anno incarnati Verbi 1075. *Signum Annæ matris Philippi Regis*, sig. Friderici regis dapiferi, signum Henrici regis constabularii, signum Hugonis camerarii; signum Hervei magistri Pincernarum, sign. Gaufridi de Calvomonte, cujus petitione et precatu adstipulatio præsens facta est. Goffridus Parisiensis episcopus, et idem Regis cancellarius, relegendo laudavit.

Voir la *Gallia Christiana*, tome VIII, preuves, col. 413.

XVII.

Extrait d'une charte donnée par le comte Simon, fils du comte Raoul de Valois, au couvent de Saint-Arnoult de Crespy, le 22 mai 1077.

Non ante præsentem annum MLXXVII, Simon Crispiacensis comes monasticæ vitæ propositum exsecutus est. Antè triennium pontificem consuluerat, quid ageret pro remedio animæ patris sui Radulfi, apud Ambianos in Montis-Desiderii castello humati, quod hic legitimo possessori vi abstulerat. Responderat pontifex, ejus cadaver indè efferendum, alibique sepeliendum, et pro ejus animæ refrigerio missas celebrandas, erogandasque eleemosynas. Huic mandato Simon obsecuturus hoc anno parentis exuvias ex illo castello removit, et Crispiacum in ecclesiam beati Arnulfi transtulit, monasterio insignem, ubi illud ad uxorem ejus, Simonis matrem sepelivit, multasque eleemosynas pro eo erogavit. Insuper beati Arnulfi ecclesiæ per annulum aureum tradidit terram Bonooculi et duo pretiosa candelabra, ut per merita beati Arnulfi martyris anima patris sui luce æternâ frueretur, litteris datis XI kal. aprilis hoc anno, indictione XV.

Voir Mabillon, *Annal. Benedict.*, livre LXV, page 118.

XVIII.

Nouvelles découvertes pour l'histoire de France, par le P. Menestrier, de la compagnie de Jésus, publiées dans le Journal des Savants, du 22 juin 1682.

Ceux qui ont écrit l'histoire de France ont donné jusqu'ici pour femme à Henri Ier, fils de Robert, une fille d'un roi de Russie, qu'ils nomment Anne, et ils ont dit qu'après avoir épousé en secondes nopces

Raoul de Peronne, comte de Crespy et de Vallois, elle s'en retourna à son pays. Cependant depuis peu de jours le P. Menestrier a découvert le tombeau de cette princesse dans l'église de l'abbaye de Villiers, de l'Ordre de Cisteaux auprès de la Ferté-Aleps, en Gatinois, à une lieue d'Estampes. C'est une tombe plate dont les extrémités sont rompues. La figure de cette reine y est gravée, ayant sur sa teste une couronne à la manière des bonnets que l'on donne aux électeurs : il y a un retour en demi-cercle où commence son épitaphe en ces termes : *Hic jacet domina Agnès uxor quondam Henrici regis.* Le reste est rompu, et sur l'autre retour on lit : *Eorum per misericordiam Dei requiescant in pace.*

L'on apprend par cette épitaphe, 1° que le véritable nom de cette reine était Agnès, quoique messieurs de Sainte-Marthe (1) aient dit : *Environ l'an de grace 1044, le roi Henri fut conjoint par mariage avec Anne de Russie; aucuns la nomment mal Agnès, d'autres Mathilde;* 2° on voit qu'elle est morte en France.

---

(1) Dans la première édition de la *Gallia Christiana*, publiée en 1656.

XIX.

Notice sur l'abbaye de Villiers, contenant la réfutation de la pièce précédente; traduite de la Gallia Christiana, *tome XII, page* 242.

Jean Briard, seigneur de Breteuil, et sa femme Amicie, avaient concédé au commencement de l'an 1219, à l'abbé et aux moines de S. Roman de l'Ordre de S. Dominique, les dîmes de Villiers près la Ferté-Aleps; mais ceux-ci, préférant souffrir la pauvreté, et renonçant à leurs revenus, firent, en avril 1220, une libre cession des dîmes et de la maison qu'ils avaient à Villiers (1), afin qu'elles fussent consacrées à l'établissement d'un couvent de femme de l'Ordre de Citeaux.

Pierre, archevêque de Sens, à la sollicitation de ladite Amicie, approuva la cession au mois de mai; et Pierre, prieur de l'Ordre de Saint-Dominique, la confirma en 1225. Saint-Louis, en 1233, lui donna le sceau de l'autorité royale, et augmenta les biens-fonds du monastère. Blanche, sa mère, et Marguerite, son épouse, comblèrent aussi de bienfaits cet

---

(1) Donc il y avait des établissements religieux avant 1219, et probablement une église.

établissement. L'histoire manuscrite et les archives du monastère de Villiers nous ont fourni les noms des abbesses dont nous allons donner la liste.

Cependant avant de passer outre, il sera à propos de dire quelque chose d'Anne, seconde femme du roi Henri Ier, dont Claude-François Menestrier, prêtre jésuite, crut avoir découvert le tombeau dans l'église de Villiers, en 1682 : il prétend y avoir lu l'épitaphe suivante : *Hic jacet domina Agnes uxor quondam Henrici regis*. Mais en 1642 M. Magdelon Theulier, délégué du vicaire général de l'ordre, y avait lu : « *Hic jacet domina Agnes;* » et à ces mots on avait ajouté ensuite : « *quæ fuit uxor Henrici*. » Enfin, en 1749, d'après mon invitation, D. P. F. Nicod, prieur de Loya, y lut ce qui suit : « *Hic jacet domina Agnes, quæ fuit uxor Henrici.* » Ainsi 1° ni l'un ni l'autre de ces deux derniers individus (2) n'y ont vu ces paroles *Henrici regis*, parce qu'en effet cela n'a jamais existé; 2° dans toutes les chartes et dans les ouvrages qui ont parlé de la seconde femme du roi

---

(2) L'auteur même de cet article n'était pas en état de se convaincre de l'exactitude de ces différentes versions, puisqu'il a été obligé de recourir à un autre ; il est donc certain que cette inscription, vu son antiquité et son état de vétusté, ne pouvait être déchiffrée par tout le monde, mais seulement par des savants dans l'art diplomatique : reste donc à savoir maintenant si les connaissances du prieur de Loya, en ce genre, étaient au-dessus de celles du P. Menestrier, qui était cependant d'une érudition peu commune. Ainsi cette première objection est bien loin d'être convaincante.

Henri, elle est toujours appelée Anne (3), et jamais Agnès ; 3° il s'écoula au moins cent quarante ans de la mort d'Anne à la fondation (4) de Villiers; 4° il ne paraît pas que cette reine ait été par la suite transférée dans ce lieu, attendu qu'elle était retournée dans sa patrie (5), d'où rien n'annonce la translation de la défunte.

---

(3) Le diplôme original, existant aux Archives du royaume, et dont j'ai donné le *fac simile* et la copie, page 20, ainsi que la pièce IX *bis*, page 51, prouvent bien la fausseté de cette assertion.

(4) Dans toute cette réfutation, c'est la seule objection qui en soit véritablement une; mais encore elle a besoin d'être approfondie; car les mêmes actes qui prouvent que l'abbaye de Villiers n'a été fondée qu'en 1219 prouvent aussi (voyez la première note) qu'il y existait avant cette époque d'autres établissements religieux, et probablement une église. Je ne vois donc rien qui s'oppose à ce que cette princesse y eût été enterrée, sans que l'histoire diffuse de ces temps nous ait transmis cet événement; chose qui se comprendra facilement quand l'on se rappellera, comme je l'ai dit dans la notice, qu'il est prouvé par tous les actes connus que cette princesse ne fut plus considérée comme reine de France depuis son second mariage, et que par conséquent elle n'avait plus le droit d'être enterrée dans la sépulture des rois; celle même des Crespy ou des Valois lui était interdite, parce que le comte Simon ne pouvait la reconnaître pour femme légitime de son père, le souverain pontife ayant déclaré ce mariage illégal et excommunié le comte Raoul pour n'avoir pas voulu se séparer d'elle.

(5) Si l'auteur pouvait nous convaincre du retour de cette

DE PIÈCES. 47

Henri Ier avait eu pour première femme (6) Mathilde, fille de l'empereur Conrad et de Gisela; il en eut une fille unique qui, morte avant l'âge de cinq ans, fut suivie de près par sa mère, qui expira à Worms, où elle fut enterrée. Après la mort de Mathilde, Henri épousa Anne, fille de Gerisèle (7), roi des Russes, et cette nouvelle reine fut sacrée et bénie à Reims le même jour (8) que Lietbert de Cambrai fut sacré évêque en 1051. Le roi étant mort en 1060, la reine Anne fonda pour le repos de son ame l'abbaye de St-Vincent-de-Senlis (9) avec les biens que le roi Henri lui avait donnés à l'occasion de son mariage; et peu après, en 1061, elle épousa Raoul, comte

---

princesse en Russie, il n'avait nullement besoin de se donner tant de peine pour réfuter le P. Menestrier; car cette circonstance seule était plus que suffisante pour cela; mais c'est qu'il n'en existe aucune trace; bien au contraire tout porte à croire qu'elle est morte en France.

(6) Il n'entre point dans notre sujet de traiter cette question; mais, comme le disent les auteurs du Recueil des historiens de France, tome XI, page 564, le témoignage de Wippon, historien de Conrad II, semble prouver que Mathilde ne fut que fiancée au roi Henri Ier, d'autant plus qu'il n'existe aucun acte en France qui fasse mention du mariage de cette princesse, ou de la naissance de sa fille.

(7) C'est-à-dire Iarosslaf.

(8) J'ai déja prouvé dans la notice que ce fut en 1049.

(9) Donc l'acte de fondation n'est pas de 1059, mais bien de 1060, comme je l'ai indiqué page 18.

de Crespy et de Valois (10), qui renvoya sa femme Alienor, de qui il avait eu des enfants. Le roi s'en plaignit; le royaume fut troublé, et l'épouse renvoyée porta ses plaintes au souverain pontife. Anne accéda aux lettres patentes du roi Philippe en faveur des moines de Fleury en 1067. Elle obtint en 1069 du même Philippe les immunités de l'abbaye de St-Vincent. Enfin le comte Raoul étant mort en 1074, elle revint (11) l'année suivante dans sa patrie.

XX.

Extrait de l'Histoire de Cambrai, par Jean le Carpentier, tome Ier; Leide, 1664.

PAGE 346 : Bref toutes ses vertus et rares qualités (de Gérard, évêque de Cambray) estant capables d'exercer une plume plus forte que la mienne, je finiray son éloge en disant *qu'il finit ses jours l'an* 1049, et qu'il fut inhumé en son église cathédrale de Cam-

---

(10) Voir la notice au commencement de l'ouvrage.

(11) Je l'ai déja fait remarquer (note 5), rien n'est moins certain que son retour en Russie; et même l'acte de dotation du couvent de Notre-Dame de Pont-le-Voy (page 37) nous prouve qu'elle était encore en France en 1075.

bray, qu'il avait rebastie superbement, et à laquelle il avait donné de grands biens...

Et page 347 : Lietbert fut porté dès l'age de sept ans au palais de son oncle Gérard.... Il fut pourvu de la charge de l'Escholatrie dès l'age de seize ans, et depuis de celle d'archidiacre et de prevost. Ces dignités si relevées, sa naissance si haute, tant de grands emplois qui luy estoient commis auprès des monarques de la part de son oncle, et tant de belles espérances qui le pouvaient flatter pour luy faire suivre le cours des grandes ambitions du monde, n'ébranlèrent aucunement la force de son esprit... Aussi personne n'entra dans le ministère épiscopal avec plus d'aveu des peuples et de disposition du ciel. Il fut sacré évêque par Guy, archevêque de Rheims, *peu de mois après la mort de son oncle Gérard...*

XXI.

Extrait de l'Histoire de l'église de Meaux, par D. Toussaints-du-Plessis, tome Ier, page 107; *Paris,* 1731.

APRÈS Berner, les catalogues mettent Dagobert, dont on ne sait rien, et ensuite Gauthier I. Celui-ci succéda à Dagobert avant le milieu du XIe siècle;

car on a des chartes de lui de l'an 1045. Le nom de Saveyr, c'est-à-dire de Sage ou de Savant, qui lui fut donné de son tems et que la postérité lui a conservé, ne renferme pas un petit éloge. Il souscrivit en 1047 à un acte du roi Henri I, en faveur de l'abbaye de S. Médard de Soissons. La même année ou la suivante (1048) il assista à un concile tenu à Sens, et y souscrivit à l'acte par lequel ce même prince confirma la fondation du monastère de S. Ayoul de Provins, faite par Thibaud III, comte de Champagne. Aussitôt après, Henri I ayant jeté les yeux sur la princesse Anne, fille de Jaroslas, roi de Russie, pour donner une reine à la France, Saveyr fut choisi par ce prince avec Goscelin de Chalignac pour en aller faire la demande. Il l'obtint et revint avec elle en France, en 1049, comblé de caresses et de présens. Le roi l'épousa vers la Pentecôte, et de ce mariage naquit l'année suivante Philippe I... Il fut aussi présent en 1050 (le 9 juin) à l'ouverture qui fut faite de la châsse de S. Denis contre les prétentions des religieux de S. Emmeran de Ratisbonne.

IX (BIS).

Diplôme de Philippe Ier, roi de France, donné pour la fondation de l'église de Saint-Adrien de Bethisy, le 27 mai 1060.

Philippus, Dei gratiâ Francorum rex. Instituta regia de rebus ecclesiasticis aut secularibus, publica vel privata sine ulla juris controversia priorum regum jussu et authoritate firmata non violare, sed inconcussa servare, nostra quoque nulla juris parte reclamante præsentibus ac posteris servanda mandare regii culminis est opus implere. Unde notum volumus esse cunctis orthodoxis ecclesiæ filiis, tam præsentibus, quam longè positis viventibus et nascituris, quod Ricardus Bistiacensis castelanus miles strenuus orator aures adierit nostræ pietatis, suppliciter nobis intimans, in eodem castro decentem basilicam se fundasse in honore et memoria gloriosi martyris Adriani, cujus dedicationi ut interessem exoravit et impetravit. A qua nostræ sublimitatis decreto ita dudum postulat universæ potestatis dominium exterminari : ut grex dominicus in eadem Basilica domino serviens nullius extraneæ potestatis ibidem sævientis possit infestatione turbari. Cujus petitioni assensum libenter præbemus et regiæ majestatis sancimus authoritate ut deinceps in prædicta Basilica, vel terra sive hospitibus eidem tam à præfato Ricardo quam quolibet alio datis et concessis non regia manus, non aliqua quæcumque potestas aliquid sibi juris usurpet : præter clericos ibidem Deo famulantes, aut eos qui ab eis potestatem acceperunt. Ipse quoque Ricardus tam sibi quam posteris suis hanc potestatem resecavit. Ea vero quæ eidem ecclesiæ a prædicto Ricardo vel cæteris fidelibus donata sunt vel quandoque donanda præsenti testamento Deo et ecclesiis debita libertate donamus et irrevocabiliter de cætero possidenda qua præcellimus potestate mandamus. Quod si quis contra hoc nostræ authoritatis decretum quicquam moliri præsumpserit, quodque pro reverentia tanti martyris tam piè sancitum est violare tentaverit, regiæ majestatis reus judicetur, et sacrilega ejus pervasio irrita penitus habeatur.

Sunt autem hæc quibus in præsenti dedicatione dotata est ecclesia, præfatus Ricardus annuente uxore sua Milesende et filiis dedit duo molendina unum apud Solliacum et aliud et ibidem tres hospites, et apud Nantholium unum. Apud Bistisiacum quoque pratum unum quod vocatur insula et juxta vivarium pratum aliud et sub castello terram et pratum : et ad criptas duo arpenna vinearum et unum hospitem, et apud Glatenniacum quatuor modios vini quos Hungerius persolvit quotannis, Hugo etiam Ricardi filius dedit pratum eidem ecclesiæ juxta fontem Theodorici. Hæc omnia comes Odo de domino martino ad cujus feodum pertinebant concessit eidem ecclesiæ pro anima patris sui Manasse. Ut autem testatior auctoritas hujus nostri possit esse præcepti nomina sublimium personarum in quarum præsentia confirmatum est fecimus assignari, Heddo Suessionum episcopus et Elinandus Laudunensium præsul qui eandem Basilicam dedicaverunt. Sacravit quoque supradictus Heddo atrium eidem ecclesiæ tali quidem conditione, ut juris pristini statum non amitterent adiacentes parochiæ, ita tamen ut quisquis sive miles sive rusticus in eodem atrio tumulari voluerit, debitum ecclesiæ cujus parochianus extitit persolvatur. Et ita sine ulla controversia tumuletur. Castelanus autem et totia ejus familia hac lege non tenebuntur, sed absolute nullo contradicente in eodem atrio sepelientur. Interfuerunt autem etiam huic stipulationi *Agnes regina*, Frollandus Sylvanectensis episcopus, Gualeranus camerarius, Theobaldus de Crespiaco, Nivelo de Petrafonte, Ricardus castelanus, Hugo filius ejus, Clarus de Verciniaco, Rainaldus Bisacor, et multi alii. Data in eadem Basilica sexto calend. junii anno domini milesimo sexagesimo, indictione decima quarta.

Ce diplôme est tiré de l'Histoire de Beauvais, de P. Louvet, page 444. Il a été impossible de le placer à la suite de la pièce IX, où il aurait dû se trouver, parce que l'impression de ce Recueil était presque terminée quand je suis parvenu à me procurer cet ouvrage. J'ai fait observer dans la notice que l'acte est évidemment de 1061.

XXII.

Liste des ouvrages où se trouvent les diplômes et chartes que j'ai consultés, de 1040 à 1107.

Recueil des historiens des Gaules et de la France, par D. M. Bouquet, etc., 1738 à 1822, Paris; 18 vol. in-folio.

Gallia Christiana, par les frères de Sainte Marthe, seconde édition, 1715 à 1785, Paris; 13 vol. in-folio.

Table chronologique des diplômes, chartes, titres et actes imprimés, etc., par Brecquigny, 1775, Paris; 3 vol. in-folio.

Annales ecclésiastiques de Châlons, par C. Rapine, 1636, Paris; 1 vol. in-8°.

Annales ordinis S. Benedicti, par Mabillon, 1703 à 1739, Paris; 6 vol. in-folio.

Acta Sanctorum ordinis S. Benedicti per sæcula, par L. d'Acheri et Mabillon, 1668 à 1702, Paris; 9 vol. in-folio.

De Re diplomatica, par Mabillon, 1709, Paris; 1 vol. in-folio.

Histoire de la ville de Paris, par D. M. Félibien, 1725, Paris; 5 vol. in-folio.

Histoire de l'abbaye de St.-Denis, par J. Doublet, 1625, Paris; 2 vol. in-4°.

Histoire de l'abbaye de St-Denis, par D. M. Félibien, 1706, Paris; 1 vol. in-folio.

Histoire de l'abbaye de S.-Germain-des-Prés, par Bouillard, 1724, Paris; 1 vol. in-folio.

Historia monasterii Sancti Martini de Campis, par Marrier, 1637, Paris; 1 vol. in-4°.

Histoire de l'abbaye de Tournus, par Chifflet, 1664, Dijon; 1 vol. in-4°.

Nouvelle histoire de l'abbaye de Tournus, par Juenin, 1733, Dijon; 1 vol. in-4°.

Histoire de l'abbaye de Notre-Dame de Soissons, par Germain, 1675, Paris; 1 vol. in-4°.

Histoire de Cambrai, par le Carpentier, 1664, Leyde; 2 vol. in-4°.

Conciliorum Collectio maxima, etc., par Labbe et Cossart, 1672, Paris; 18 vol. in-folio.

Histoire de la ville et cité de Beauvais et des antiquités du pays de Beauvaisis, par P. Louvet, 1614, Rouen; 1 vol. in-8°.

Metropolis Remensis Historia, etc., par Marlot, 1666 à 1679, Reims; 2 vol. in-folio.

Bibliotheca Cluniacensis, par Marrier, 1614, Paris; 1 vol. in-folio.

Promptuarium sacrarum antiquitatum Tricassinæ diœceseos, par Camusat, 1610, Troyes; 1 vol. in-8°.

Histoire de l'église de Meaux, par D. Toussaints du Plessis, 1731, Paris; 2 vol. in-4°.

Les antiquités de la ville d'Étampes, par Fleureau, 1683, Paris; 1 vol. in-4.°

Abrégé de l'histoire de la ville de Soissons, par Regnault, 1633, Paris; 1 vol. in-8°.

Histoire des comtes de Poitou, par Besly, 1647, Paris; 1 vol. in-folio.

Histoire de la ville de Coucy, par D. Toussaints du Plessis, 1728, Paris; 1 vol. in-4°.

Histoire généalogique de la maison des Chateigners, par Duchesne, 1634, Paris; 1 vol. in-folio.

Histoire généalogique de la maison de Béthune, par Duchesne, 1639, Paris; 1 vol. in-folio.

Histoire du château et de la ville de Gerberoy, par Pillet, 1679, Rouen; 1 vol. in-4°.

Histoire de la ville de Valenciennes, par d'Outreman, 1687, Valenciennes; 1 vol. in-folio.

Histoire des Rois, ducs de Bourgogne, par Duchesne, 1619, Paris; 2 vol. in-4°.

Traité des fiefs, par Chantereau Lefêvre, 1662, Paris; 1 vol. in-folio.

Codex juris gentium diplomatici, par Leibnitz, 1693, Hanovre; 2 vol. in-folio.

Histoire du comté de Perche et du duché d'Alençon, par Bry, 1620, Paris; 1 vol. in-4°.

Mémoires pour servir de preuves à l'histoire de Bretagne, par D. Morice, 1742, Paris; 3 vol. in-folio.

Histoire du Berry, par P. Labbe, 1647, Paris; 1 vol. in-12.

Histoire de Navarre, par Favyn, 1612, Paris; 1 vol. in-folio.

Histoire généalogique de la maison d'Auvergne, par Justel, 1645, Paris; 1 vol. in-folio.

Histoire généalogique de la maison de Guines, par Duchesne, 1631; Paris; 1 vol. in-folio.

Historiæ Francorum scriptores, par Duchesne, 1636 à 1649, Paris; 5 vol. in-folio.

Collectio amplissima veterum scriptorum, par E. Martene et U. Durand, 1724 à 1733, Paris; 9 vol. in-folio.

La naissance de la Chapelle de Bethléhem, fondée en l'abbaye de Ferrière, par Morin, 1613, Paris; 1 vol. in-8°.

Histoire de l'abbaye de Saint-Jean-des-Vignes à Soissons, par de Louen, 1710, Paris; 1 vol. in-12.

Histoire généalogique des comtes de Ponthieu, par I. D. J. M. C. D., 1657, Paris; 1 vol. in-folio.

Antiquités de la ville d'Amiens, par A. de La Morlière, 1642, Paris; 1 vol. in-folio.

Histoire du duché de Valois, par Carlier, 1764, Paris; 3 vol. in-4°.

TABLE

DES MATIÈRES.

Notice............................... page v

I. Diplôme du roi Henri I, donné au monastère de Saint-Maur-des-Fossés, le 12 juillet 1058. 1

II. Autre diplôme du même, donné à l'abbaye de Hasnon, le 5 août 1058................. 2

III. Autre diplôme du même, donné au monastère de Tournus, le 23 mai 1059.............. 4

IV. Autre diplôme du même, donné à l'abbaye de Coulombs, en 1059.................... 9

V. Lettre du pape Nicolas II à la reine Anne, de l'année 1059.......................... 10

VI. Diplôme du roi Henri I, donné au couvent de Saint-Martin-des-Champs, en 1060......... 13

VII. Charte de la reine Anne, donnée en 1060, pour la fondation et dotation du couvent de Saint-Vincent de Senlis, avec un *vidimus* du roi Philippe I........................... 16

VIII. Diplôme du roi Philippe I, donné au monastère de Tournus, en 1060................ 19

TABLE. 59

IX. Autre diplôme du même, donné à l'abbaye de Saint-Denis, en 1060.................... 20

IX (*bis*). Autre diplôme du même, donné pour la fondation de l'église de Saint-Adrien de Bethisy, le 27 mai 1060..................... 51

X. Autre diplôme du même, donné au couvent de Saint-Nicaise de Reims, le 14 mai 1061..... 22

XI. Diplôme du roi Henri I, donné en 1059 au monastère de Saint-Pierre de Chartres avec un *vidimus* du roi Philippe I, de 1062......... 24

XII. Lettre du pape Alexandre II à Gervais, archevêque de Reims, de l'année 1062........... 30

XIII. Lettre de Gervais, archevêque de Reims au pape Alexandre II, de l'année 1062.......... 31

XIV. Diplôme du roi Philippe I, donné au couvent de Saint-Vincent de Senlis, en 1069........ 32

XV. Charte de Raoul, comte de Valois, de Crespy, d'Amiens, etc., donnée au chapitre de Sainte-Marie d'Amiens, en 1069................. 34

XVI. Charte de l'année 1035, concernant la fondation et la dotation du monastère de Notre-Dame de Pont-le-Voy, avec un *vidimus* du roi Philippe I, de l'année 1075............... 37

XVII. Extrait d'une charte donnée par le comte Simon, fils du comte Raoul de Valois, au couvent de Saint-Arnoult de Crespy, le 22 mars 1077. 41

XVIII. Nouvelles découvertes pour l'histoire de France par le P. Menestrier, de la compagnie de Jésus, publiées dans le Journal des Savants, du 22 juin 1682....................... 42

XIX. Notice sur l'abbaye de Villiers, contenant la réfutation de la pièce précédente, traduite de la *Gallia Christiana*.................... 44

XX. Extrait de l'histoire de Cambrai, par Jean le Carpentier, 1664; Leyde.................. 48

XXI. Extrait de l'histoire de l'église de Meaux, par D. Toussaints du Plessis, 1731; Paris....... 49

XXII. Liste des ouvrages où se trouvent les diplômes et chartes que j'ai consultés, de 1040 à 1107. 54

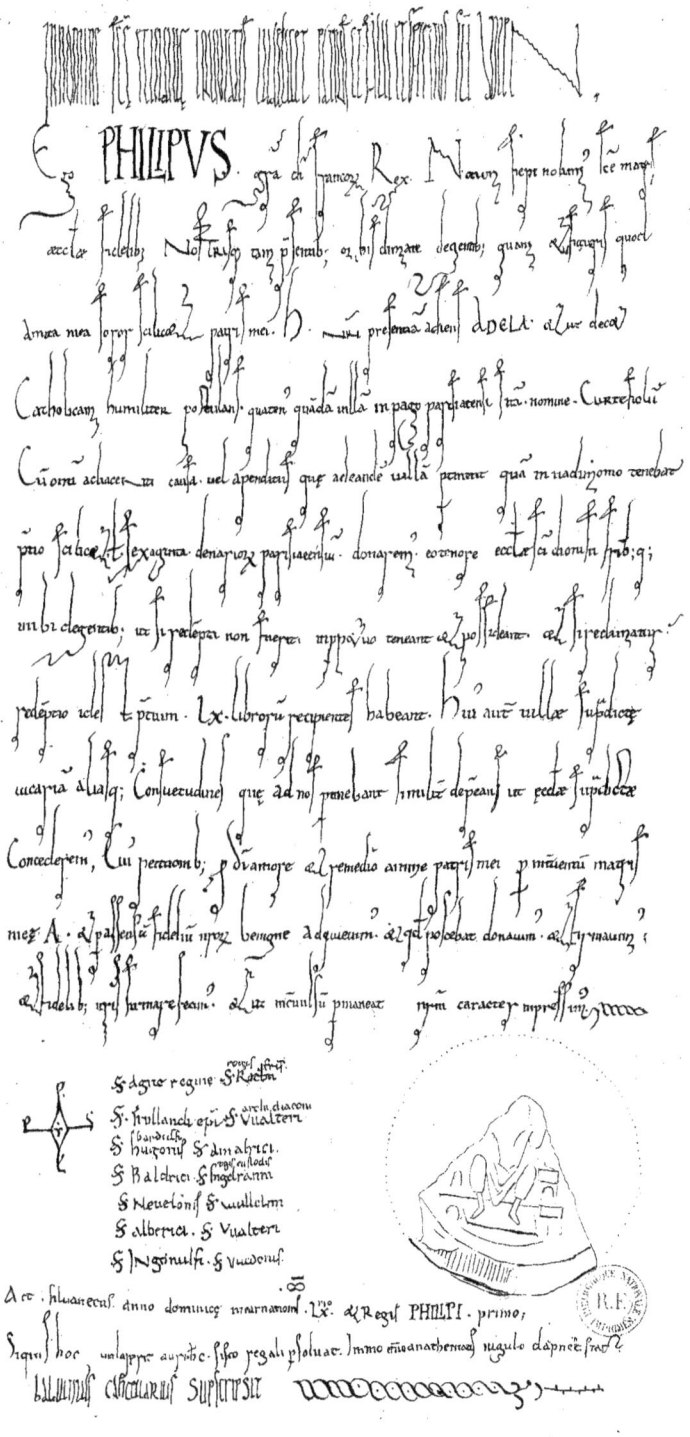

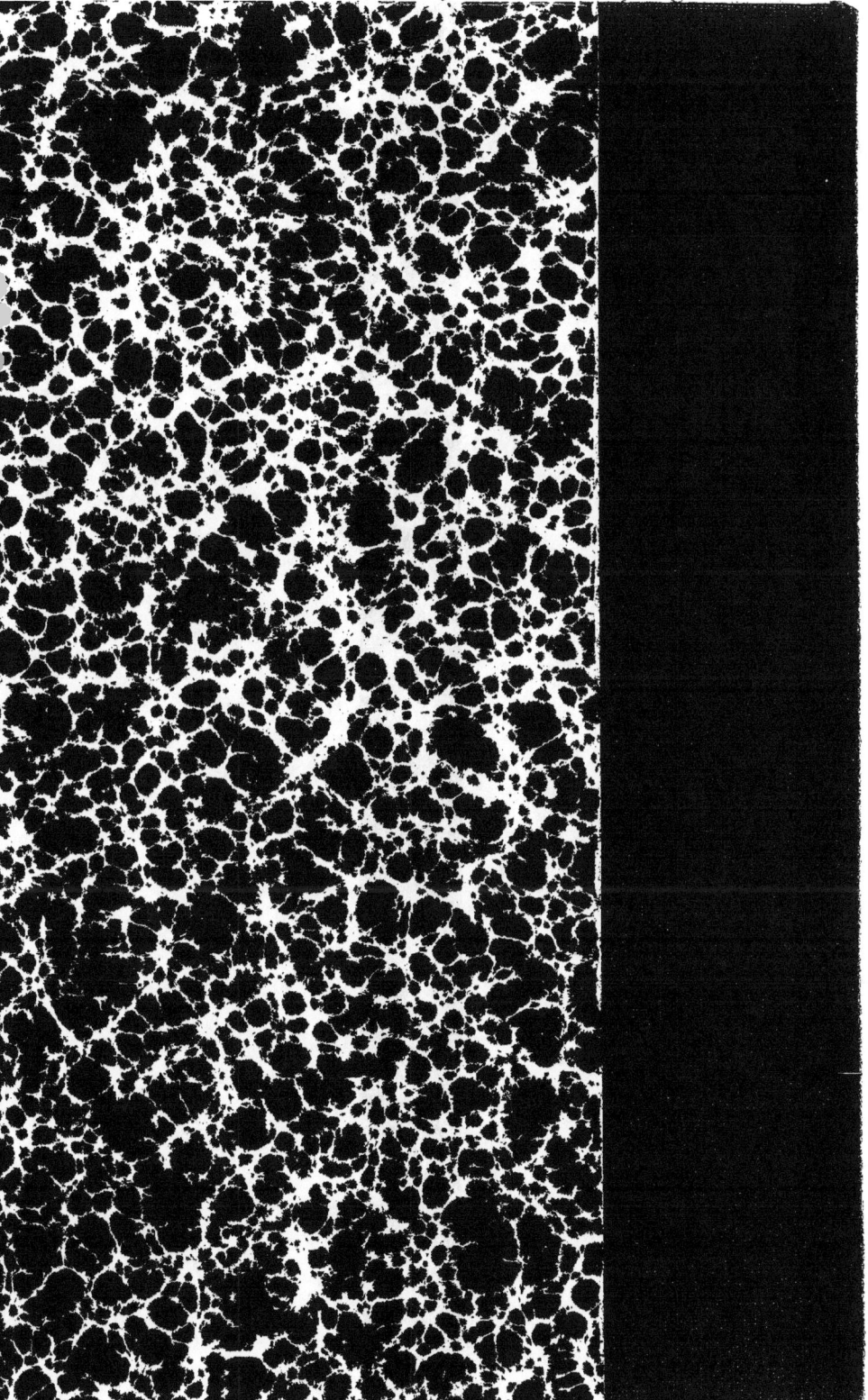

CARAMORE — RECUEIL DE PIÈCES SUR LA PESTE APRÈS 1720

www.ingramcontent.com/pod-product-compliance
Lightning Source LLC
Chambersburg PA
CBHW070305100426
42743CB00011B/2357